CUIDADOS DEL
Jardín

CUIDADOS DEL
Jardín

ANA LÍA LÓPEZ PÉREZ

LA
LIBSA

© 2005, Editorial LIBSA
C/ San Rafael, 4
28108 Alcobendas. Madrid
Tel. (34) 91 657 25 80
Fax (34) 91 657 25 83
e-mail: libsa@libsa.es
www.libsa.es

Redacción: Ana Lía López Pérez
Revisión de textos: Lucrecia Pérsico
Fotografía: Producción Gráfica, Archivo LIBSA
Dibujos: Antonio Perera Sarmiento
Maquetación: J. Casado
Edición: Equipo Editorial LIBSA

ISBN: 84-662-1026-1

Contenido

Presentación

Desde siempre el jardín ha sido considerado como una representación de paraíso terrenal, ya que es un lugar, prolongación del hogar, que invita al descanso y la vida plácida. Pero para disfrutar plenamente de él, es necesario invertir mucho tiempo sobre todo al principio, luego las tareas se reducirán al mantenimiento.

Para empezar a construir un hermoso jardín hay que tener en cuenta factores como el espacio que disponemos, para qué lo queremos, estudiar el terreno, informarnos sobre las especies que mejor se adaptan al clima, la orientación, etc.

Una buena pradera y bien cuidada puede ser el punto de partida para un precioso jardín de grandes dimensiones, sobre dicho fondo verde se podrán poner parterres de flores de colores o plantar árboles. Hay que tener en cuenta que hay un gran número de variedades florales que nos van a permitir tener florido el jardín todo el año, a pesar del paso de las estaciones.

En invierno, contamos con los bulbos y tubérculos que presentan un gran número de variedades y colores; los arbustos y los árboles que son las especies vegetales que más espacio van a ocupar y que hay que distribuir de forma racional; las trepadoras que nos pueden servir para decorar la fachada, los muros, las verjas, etc.; o, también nos podemos decantar por el cultivo de árboles frutales que tanta satifacción nos van a proporcionar en tiempo de cosecha.

Todas las flores y los árboles se han clasificado por grandes familias con sus variedades, su mantenimiento según la estación del año o qué hacer con cada una de las especies para controlar las enfermedades. Además, se ofrecen un gran número de consejos acerca de las tareas generales que afectan a todos el jardín como el riego, el abonado, el control de las plagas y de todos los seres vivos, presentes en un hábitat donde se van a dar cita un buen número de variedades vegetales y animales, punto de encuentro del hombre con la naturaleza.

Como no todas las personas tienen la suerte de tener un gran terreno alrededor de su casa, en *Cuidados del jardín* también hemos dedicado una sección para los que aunque no dispongan de grandes espacios, quieran disfrutar de los beneficios de las plantas, pueden cultivar un pequeño jardín en su terraza o balcón.

Praderas y césped

▲ *Una pradera bien cuidada es el punto de partida para un jardín de grandes dimensiones. Sobre el fondo verde brillante se pueden poner parterres de flores que den una nota de color o plantar árboles a cuya sombra se puedan cultivar otras especies.*

PRADERAS Y CÉSPED

PODRÍA DECIRSE QUE LA PRADERA es el marco en el cual se hace toda la decoración del jardín; es como un tapiz de fondo en el cual se disponen las diferentes plantas que constituyen manchas de color y de texturas que van variando a lo largo de todo el año.

La primera siembra

En un jardín que no ha sido cultivado con anterioridad, la siembra del césped debe estar precedida por el acondicionamiento adecuado del terreno.

Ese trabajo previo es el que garantizará, con el tiempo, una pradera de la mejor calidad.

El primer trabajo que debe emprenderse es la eliminación de todas las malas hierbas que, habitualmente, crecen espontáneamente en cualquier terreno. Se deberán retiran con azadón, arrancándolas de raíz.

Conviene acumularlas en una esquina del jardín a medida que se van eliminando para luego retirarlas o quemarlas.

Es muy importante no dejarlas en un sitio próximo al lugar que se va a sembrar ya que muchas de sus semillas podrían germinar, estropeando el trabajo realizado.

A continuación, lo que debe hacerse es retirar las piedras, deshacer los terrones y alisar lo más posible el terreno.

Si en el terreno hubiera alguna depresión, un lugar más hundido en el cual pudiese acumularse agua en época de lluvias, conviene que se la rellene con tierra instalando antes un sistema de drenaje que desagüe con facilidad. Las mejores opciones al respecto son los canales de grava o los sumideros.

Una vez tomadas estas precauciones, lo que debe hacerse es preparar el suelo para que las raíces puedan asentarse bien. Para ello se debe extender sobre la zona una capa de tierra negra, cribada, de unos cinco centímetros de grosor.

Si existiera la mínima posibilidad de encharcamiento, se debe poner antes una capa de arena de uno o dos centímetros de grosor; ello constituirá el drenaje adecuado. Estas dos capas deberán aplanarse con ayuda de un rastrillo y un rodillo apisonador. De este modo se creará una superficie uniforme y nivelada.

◀ El césped de la pradera da cobijo a una gran variedad de pequeños animales.

Cuando sea el momento de sembrar, bastará esparcir las semillas y cubrirlas con una capa fina de mantillo. Se regarán hasta que asomen los primeros brotes de hierba.

▲ Antes de plantar la pradera es necesario preparar adecuadamente el suelo para que las raíces se asienten y evitar el encharcamiento.

Siembra de nuevo césped

La siembra se realiza a principios de primavera y una vez que el terreno está preparado, nivelado y con el correspondiente drenaje.

Es importante decidir qué uso se le ha de dar a la pradera: puramente ornamental, acondicionada para el juego o destinada al deporte.

En función de esta elección se escogerán las semillas correspondientes que serán sembradas al principio de la estación. Hay varias mezclas de césped; algunas de las cuales necesitan más cuidados que otras. Las «rústicas» son las más resistentes.

La mezcla más empleada, que sirve para cubrir más posibilidades, es la formada por las especies *Trifolium sp.* (trébol) y *Lolium perenne* (ray grass). Conviene tomarla como base para la mayor parte de la pradera.

◀ *Por efecto de las pisadas, los caminos formados por losetas y césped sufren a lo largo del año un gran deterioro y exigen una constante reparación.*

A estas dos especies se le pueden añadir también algunos granos de *Panisetum clandestinum* (grama gruesa) o *Cynodon dactilon* (grama); la primera para clima frío y la segunda, para los secos y calurosos.

Para obtener un césped muy homogéneo, conviene sembrar un solo tipo de semilla. También es necesario tener en cuenta el tipo de suelo que se posee: si éste es pobre, muy seco y frío, lo mejor es plantar *Panisetum clandestinum* (grama gruesa) que va a ser la que mejor resista los rigores e, incluso, la falta de cuidados.

Una vez esparcidas las semillas que conformarán la pradera, será necesario cubrirlas con una capa de mantillo de un centímetro de espesor.

Si a la hora de plantar hiciera demasiado calor, poner el mantillo sobre la tierra y luego sembrar encima las semillas, regando a continuación.

Reparar zonas dañadas

Es corriente que en los jardines, algunas zonas del césped se muestren más estropeadas que otras; por lo general coinciden con las partes que constituyen lugares de paso o son sectores en los que suelen jugar los niños.

El constante caminar deteriora la hierba y el suelo de modo que ésta no se regenera naturalmente y es necesario repararla. El mejor momento para hacer esta tarea es al principio de la primavera.

Se puede aprovechar dicha circunstancia para arreglar cualquier tipo de desperfectos como un drenaje defectuoso o los daños causados por diferentes plagas.

Se puede hacer sobre estas zonas estropeadas una plantación directa o implantar planchas de césped ya desarrolladas, conocidas con el nombre de tepes.

Antes de sembrar, se deberá retirar con una pala la superficie estropeada junto con una capa fina de tierra que deberá ser reemplazada por tierra negra o bien con una mezcla de arcilla y mantillo.

Si hubiera un drenaje defectuoso, quitar un poco más de tierra y poner una capa de arena y grava para que actúe como desagüe.

Una vez preparado el suelo, si se escoge la siembra directa deberá nivelarse el trozo deteriorado con el resto de la pradera antes de sembrar.

Si se opta por instalar el tepes, será necesario hacer un escalón en el suelo para encajar a la perfección el cepellón de raíces de modo que quede al mismo nivel que el resto del jardín.

La ventaja que tiene el tepes sobre la siembra directa es que puede pisarse inmediatamente en tanto que lo que se ha sembrado no se podrá pisar hasta la segunda siega. Las losetas de tepes pueden ser fijadas firmemente por medio de alambre hasta que arraiguen.

▲ Las zonas dañadas se deben retirar con una pala. A continuación, se quita una fina capa de tierra para poder reemplazarla por un sustrato nutritivo. Para evitar encharcamientos se puede poner una capa fina de arena y grava.

El mantenimiento de la pradera

Las tareas de mantenimiento de la pradera deben ser efectuadas durante todo el año; la siega, el riego y el aireado del terreno, hay que repetirlos una y otra vez.

Sin embargo, también deben tenerse en cuenta la época del año y las condiciones climáticas del lugar donde esté emplazado el jardín, ya que si se encuentra en una zona o época lluviosa el riego deberá ser menor, al igual que en los períodos más fríos.

En invierno, el frío y la falta de sol detienen o hacen más lento el crecimiento del césped, con lo cual la siega deberá espaciarse. En ocasiones, se tiñe de

▲ Cada año puede observarse que algunas zonas de la pradera están más deterioradas que otras. Coinciden con los lugares de paso, que al ser muy transitados, no permiten que la hierba se regenere.

◀ *En un jardín tienen cabida diversos tipos de elementos. A la hora de poner adornos, es necesario escogerlos con cuidado procurando que armonicen con el entorno.*

color pardo en cuyo caso lo recomendable es segarlo a una altura más alta que lo habitual.

La hierba nunca deberá ser cortada a menos de diez centímetros, sobre todo en invierno ya que eso facilita la acción del hielo sobre la base de las matas y se estimularía el crecimiento de musgo.

El aireado del terreno se debe efectuar a principios del invierno perforando con una piqueta o rodillo de púas la superficie de la pradera hasta una profundidad de unos quince centímetros; y ahondando más en aquellas zonas que, por los desniveles del terreno, tienda a acumular mayor cantidad de agua.

Esto se puede hacer cada vez que haya algún encharcamiento en la pradera, sobre todo después de llover durante varios días.

Cuando llegue la primavera, la siega y el riego deberán ser más frecuentes. Antes de la llegada del verano será necesario abonar el suelo y regenerar las «calvas» que la pradera pueda presentar.

Después del otoño y del invierno, la tierra habrá agotado gran parte de los nutrientes por ello lo recomendable es que a principios de la primavera se esparza abono para que crezca fuerte y sana. Se puede utilizar mantillo desmenuzado, que es la opción más económica y natural, o abonos granulados.

Como el mantillo es una mezcla de estiércol triturado y preparado, una vez que se ha puesto sobre el césped es necesario esperar a que se disuelva con el riego o la lluvia antes de utilizar la pradera, porque suele desprender un olor desagradable y mancha la ropa.

Los abonos granulados son más limpios, no huelen y no manchan pero no son productos naturales sino que se fabrican en laboratorios y eso hace que su precio también sea más elevado.

Durante el otoño, cuando los días se hagan más cortos, el césped entra en un período de descanso. Normalmente las lluvias se hacen más frecuentes, con lo cual no es necesario un riego tan frecuente.

▲ *Las plantas son seres vivos, capaces de enfermar, de sufrir plagas e infecciones de todo tipo. Por esta razón, las herramientas con las que se cuiden deben estar sanas y en perfectas condiciones de higiene.*

▲ *El jardín exige labores de mantenimiento durante todo el año, según su emplazamiento, el clima del lugar, las especies que se han escogido y el régimen de lluvias.*

Es recomendable renovar los nutrientes, sobre todo si la pradera ha sido muy usada y se encuentra deteriorada. El abono permitirá su mejor regeneración. Si el buen tiempo del verano se prolonga, será también necesario segar frecuentemente el césped en los primeros días del otoño.

Limpieza del cortacésped

En invierno la siega debe hacerse cada quince días, más o menos, ya que el césped crece menos deprisa. En zonas muy frías, incluso, con una vez al mes es suficiente. Durante esta estación la máquina de cortar el césped se utiliza muy poco, por ello es el momento más adecuado para dedicarse a su mantenimiento y revisión anual.

Las herramientas necesarias para llevar a cabo la limpieza de la máquina son un cepillo de raíces, una espátula, agua caliente con jabón y un paño seco.

Antes de comenzar con la limpieza, habrá que asegurarse que los depósitos de gasolina y aceite estén bien cerrados; si fuera necesario, vaciarlos previamente. A continuación, se procederá retirando todas las briznas de hierba y raíces que haya pegadas a las cuchillas y a la carcasa de la máquina.

Hay que revisar el filo de la cuchilla y si se encuentra mellada, llevarla a reparar o afilar. Los engranajes presentes en las ruedas y las cuchillas deberán limpiarse con aceite y engrasarse adecuadamente. Es conveniente, al menos una vez al año, hacer un cambio de aceite, limpiar también las bujías y el carburador.

La siega

La frecuencia con que se segará el jardín depende de la estación y de la temperatura: a medida que se acerque el verano, el césped

◀ La recogida de hojas es una de las labores imprescindibles para lograr que la pradera luzca en todo su esplendor. La frecuencia con que se efectúe depende de la época del año, que es especialmente intensa en el otoño.

crecerá con mayor rapidez, razón por la cual las siegas deberán ser más frecuentes.

En pleno verano no conviene dejar pasar más de tres o cuatro días sin segar, para que la operación no sea agotadora. Al principio y hacia el final de la estación, bastará con hacerlo cada siete días.

El césped se cortará más fácilmente si está completamente seco; por ello no es aconsejable hacerlo a primeras horas de la mañana, ya que estará impregnado por el rocío, ni al atardecer, después del riego.

Cuando el césped está húmedo, la hierba cortada se apelmaza en las cuchillas y en la carcasa y atascan la máquina. El mejor momento es por la tarde y antes de haber regado, que es cuando el césped está más seco.

Si la máquina de cortar el césped no posee un recogedor de hierba incorporado, la que se ha cortado deberá retirarse para que el jardín no presente un aspecto desaliñado.

Bastará con amontonarla con un rastrillo y luego retirarlas con un recogedor o con un aspirador de hojas.

Es aconsejable dejar la hierba cortada unas cuantas horas antes de recogerla porque cuanto más seca está, más fácil resulta realizar esta operación. Hay que contar también con unas tijeras de podar, para cortar aquellos sectores de la pradera pegados al borde, a los que no se puede acceder con la máquina.

También puede utilizarse un recortabordes de hilo.

El riego

Para sacar mayor rentabilidad al agua y evitar un gasto excesivo, hay una serie de recomendaciones relacionadas con el riego:

• La presencia de árboles reduce la evaporación; sobre todo a mediodía, que es la hora de

◀ Una de las ventajas de plantar árboles en el jardín es que éstos reducen la evaporación del agua, razón por la cual la frecuencia de los riegos puede ser menor, independientemente del método elegido.

mayor calor. Además mantiene un clima fresco muy beneficioso para la pradera.

• Evitar el riego diurno ya que la mayor parte del agua se evaporará. Tampoco es bueno, por la misma razón, regar por la mañana. Lo mejor es hacerlo después de la caída del sol.

• La forma más adecuada de regar cualquier pradera es hacerlo por medio del riego automático, programado para la noche. Si no se puede contar con un sistema de este tipo, se debería utilizar una manguera.

Retirada de las malas hierbas

Durante la primavera, seguramente se habrán desarrollado algunas malas hierbas en el jardín, en un momento en el que aún no han esparcido sus semillas. Por esto es el momento de utilizar herbicidas para tenerlas controladas durante todo el año. Los herbicidas se aplican directamente sobre el césped, pero es necesario tener en cuenta que son productos químicos y tóxicos, razón por la que deben mantenerse a los niños y a

las mascotas alejadas de la pradera, al menos inmediatamente después de su aplicación y hasta no haber regado o hasta que no haya llovido.

Las malas hierbas también se pueden combatir arrancándolas manualmente, con la ayuda de un desplantador. Hay dos tipos de malas hierbas:

• HIERBAS DE RAÍCES NUMEROSAS. Se extienden sobre la superficie.

• HIERBAS CON RAÍZ ÚNICA. Son más robustas y profundas.

Las primeras son más fáciles de extraer; basta coger la mata a ras del suelo, con las manos protegidas por un guante de jardinero, y hacer un giro con la muñeca a fin de desprenderla de la tierra.

▲ *Las malas hierbas se pueden arrancar manualmente.*

Una vez arrancada, alisar con el pie el hueco que pudo haber quedado.

Las segundas son más difíciles de combatir ya que si no se extrae la raíz completa sino que se rompe al hacerlo, éstas vuelven a regenerarse. Como crecen en sentido vertical, lo mejor es arrancarlas con ayuda del desplantador: se clava la herramienta paralela a la raíz, intentando ahuecar el suelo con un movimiento de palanca.

Se extrae el desplantador y se lo vuelve a clavar en el lado opuesto de la mata, realizando la misma operación. Esto aflojará la planta entera sin llegar a romper la raíz. Una vez suelta, se puede retirar con la mano. El hueco que deje se debe cubrir con un poco de tierra que se aplastará con el pie o, mejor aún, se pueden plantar en ese lugar algunas semillas para cubrir la calva. Si se las riega con frecuencia crecerán sin problemas.

CÓMO ELIMINAR LAS MALAS HIERBAS

Conviene deshacerse de las malas hierbas en cuanto éstas sean detectadas para evitar que desarrollen y puedan esparcir sus semillas.

Si la especie a eliminar tiene una raíz única, bastará con tirar de ella para arrancarla. Si tiene raíces numerosas es mejor utilizar desplantador.

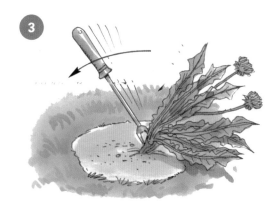

Clavar el desplantador paralelo a la raíz para hacer palanca y aflojar la hierba. Se repetir la operación en el lado opuesto de la planta.

Cuando la planta se haya desprendido, tirar suavemente de ella hasta lograr desenterrarla. Alisar el hueco que ha dejado y cubrirlo con tierra.

▲ *Hay que controlar la presencia de arácnidos, que pueden suponer un peligro para nuestras plantas y mascotas.*

Los enemigos de la pradera

Entre las tareas de mantenimiento de una pradera se puede incluir el control de los topos y topillos que, con sus galerías subterráneas y orificios de salida al exterior producen serios daños en el césped.

Los topos son insectívoros; comen gusanos, lombrices, larvas y casi cualquier tipo de insectos. Los topillos, en cambio, son herbívoros.

Como tienen hábitos nocturnos, por las noches salen de sus túneles y se alimentan de las hojas y tallos tiernos.

El daño que producen en el jardín es importante, porque al cavar sus galerías o toperas destruyen las raíces de las especies que se han plantado.

La única ventaja que presentan es que esas mismas galerías, por lo general, contribuyen al drenaje y airean la tierra.

Se puede sospechar de la presencia de topos en el jardín si se observan pequeños montículos de tierra, producto de sus excavaciones.

Como son unos animalillos muy rápidos y astutos que tienen un aguzado sentido del oído, no es fácil capturarlos ni luchar contra ellos.

El uso de trampas también da buenos resultados. Las hay que no matan al animal sino sólo lo atrapan. Luego se los puede volver a soltar, lejos del jardín.

Los cepos y matarratas que se colocan en las galerías, matan a los topos. Son bastante eficaces pero no es necesario recurrir a estos métodos.

CÓMO EVITAR LA PRESENCIA DE TOPOS

Entre las medidas que se pueden tomar, las más efectivas son:

- Poner pastillas de alcanfor en los agujeros de salida de los túneles.

- Usar bolitas de naftalina con el mismo propósito. Conviene volver a tapar el agujero.

- Hacer estallar bombas de humo en las galerías.

- Conectar una manguera a la galería e intentar expulsarlo por medio del agua.

- Colocar aparatos de ultrasonido que se venden en el mercado. Las ondas que emiten ahuyentan a los topos. Suelen ser eficaces y no perjudican a otras mascotas como perros y gatos.

La manera más efectiva de prevenir la plaga de estos mamíferos es mantener bajo control la población de gusanos y lombrices del jardín.

Cuanto más rica en insectos sea la tierra, más posibilidades hay de que se acerquen los topos a alimentarse de ellos.

Escarificado

El escarificado consiste en eliminar todos los restos de hierba que han sido cortados o que se hayan marchitado naturalmente en la pradera para evitar que se acumulen en la base de las matas impidiendo

Hay muchos métodos para librarse de la presencia de topos. En los comercios especializados, venden incluso aparatos que los mantienen alejados del jardín. Una manera de sencilla de combatir esta plaga consiste en llevar una manguera hasta la boca de la madriguera, abrir el chorro e inundarla.

la ventilación de las raíces y tallos y, además, estropeando el aspecto de la pradera con manchones de color amarillento y pardo.

No se trata sólo de retirar estos restos sino, más bien, de hacerlo de forma de dañar lo menos posible el césped sano.

Para ello se usa una herramienta específica, el escarificador, que es una especie de rastrillo que tiene las púas curvadas hacia abajo.

Actualmente hay también en el mercado unas máquinas que realizan el escarificado más rápidamente y con mayor eficacia.

Para hacer un buen escarificado manual hay que tener en cuenta algunos puntos: Hay que pasar el escarificador en todas direcciones para no dejar tras de sí los trozos de hierba que hayan quedado entre las

▲ *Para que el césped se desarrolle con normalidad necesita estar oxigenado, y para ello es imprescindible eliminar los restos de hierba y las hojas secas.*

púas en una primera pasada. No se debe ejercer una fuerza excesiva al pasar la herramienta ya que con ello podrían romperse tallos y raíces sanos.

Una vez que se ha rastrillado todo el jardín, recoger los el material extraído. Éste se puede utilizar para fabricar compost, para cubrir el suelo a fin de evitar la evaporación del agua o aislarlo de las heladas.

Delimitación de los bordes de la pradera

La siembra del césped no suele realizarse con absoluta precisión, por eso los límites de la pradera pueden invadir espacios destinados al cultivo de plantas de temporada o bulbosas o bien quedar muy desparejos y poco estéticos.

Para establecer límites perfectos en la pradera se dispone de un sencillo método para el cual sólo se necesita un tablón de madera y una pala de hoja plana.

La técnica es muy sencilla, consiste en apoyar el tablón en el borde de la pradera, como si fuera una regla sobre el papel, e insertar la pala justo en el límite haciendo un corte recto.

Volver a repetir la operación a lo largo del borde de la pradera e ir quitando los trozos sobrantes de césped.

Si se desea hacer trazos curvos, es conveniente marcarlos primero con harina, dibujando con ésta la forma que se le quiera dar al borde, y luego cortar con la pala el césped restante.

Para finalizar la operación, cubrir con compost la zona que se ha extraído hasta ponerla al mismo nivel que el césped.

LOS BORDES DE LA PRADERA

1

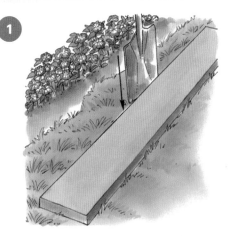

El tablón de madera se utilizará como si fuera una regla. Colocarlo en el suelo con su lado más largo marcando el límite que se quiere dar a la pradera.

2

Clavar la pala verticalmente junto al tablón tantas veces como sea necesario, como si ésta fuera el lápiz con el que se está trazando una recta.

3

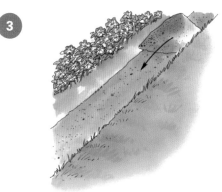

Quitar los trozos de césped sobrante. Si se desean trazos curvos conviene marcarlos previamente con un poco de harina.

▲ *Las plantas de temporada viven desde unos pocos meses hasta dos años. Una vez que florecen y esparcen sus semillas, se secan y mueren.*

SE LLAMAN PLANTAS de temporada a aquéllas que tienen la vida limitada a unos pocos meses. Por lo general, una vez terminada la floración o con la llegada de los primeros fríos, mueren.

En algunos lugares de clima cálido en los que no se registran heladas, las plantas de temporada pueden sobrevivir al invierno y dar flores al año siguiente; sin embargo, la segunda floración siempre es de una calidad inferior a la primera, ya que la planta va degenerando.

También pueden considerarse plantas de temporada a las bianuales; especies que se desarrollan en dos etapas que abarcan, en total, dos años. Si se siembran en verano o en otoño, crecerán durante la primavera pero hasta la del año siguiente no darán flor y luego morirán. Pero también ocurre con estas

especies lo mismo que con las anuales: su comportamiento depende enormemente del clima en el que se encuentren; si no hay heladas, pueden sobrevivir muchos años.

Las plantas anuales y bianuales son especies que antes de completar su ciclo vital y morir florecen, generan frutos y producen las semillas que continuarán la especie.

Las floraciones tienen lugar, prácticamente, en todas las estaciones, sin embargo la mayoría de las especies florecen en verano. Una vez que hayan salido las flores, la planta muere.

El hecho de que las plantas de temporada tengan una vida limitada constituye, por un lado, un inconveniente ya que si se quiere disfrutar de sus flores habrá que volverlas a plan-

▲ *En los climas cálidos y húmedos, las plantas de temporada pueden soportar el invierno y dar algunas flores al año siguiente.*

tar cada año o cada dos; pero esta característica también puede ser vista como una ventaja, ya que permitirá tener un jardín variado y cambiante, en el que se pueda experimentar con especies o colorido diferentes.

Preparación del terreno

Si se tiene la intención de cultivar plantas de temporada y se desea tener una floración abundante y a lo largo de toda la estación, lo más aconsejable es preparar muy bien la tierra antes de iniciar la siembra.

Como una gran cantidad de anuales y bianuales se plantan en primavera, esta operación conviene realizarla un mes antes de la plantación; es decir, hacia mediados de invierno, si el clima no es demasiado extremo, o hacia finales de la estación si hay muchas heladas.

La forma de preparar el terreno es poner una capa de abono sobre el lugar que se piensa destinar a las plantas de temporada para que, cuando las semillas sean sembradas, el suelo tenga todos los nutrientes que necesitan para germinar, desarrollarse y florecer.

▲ *El secreto para tener una floración abundante y a lo largo de toda la temporada consiste en poner mucho cuidado en la preparación del terreno antes de plantar.*

Si el abono que se usa es una capa de mantillo de una calidad excepcional, se podrán aprovechar las lluvias que suelen acompañar al invierno para que éste se vaya diluyendo y depositando los nutrientes en las capas más profundas del suelo.

Más tarde, en primavera, será necesario esponjar la tierra, verificar que no haya problemas de drenaje, resolver el problema de los

CALENDARIO DE LABORES DE LAS PLANTAS DE TEMPORADA	
INVIERNO	Preparación y abonado del terreno • Pregerminación y siembra interior
PRIMAVERA	Planificación de la distribución de las plantas • Colocación de plantones • Siembra en el exterior
VERANO	Fertilización y riego más abundante • Sustitución de algunos ejemplares nuevos • Eliminación de flores que empiezan a marchitarse
OTOÑO	Recogida y almacenamiento de semillas • Retirada de ejemplares secos y partes marchitas

◄ *Para elegir adecuadamente las especies, es necesario tener en cuenta el clima y el tipo de suelo sobre el que se quiere plantar.*

van a poner en el jardín debe ser hecha con mucho cuidado y atendiendo a la temperatura y humedad del lugar en cada época del año.

En las regiones más cálidas tienen cabida más especies que aguantan perfectamente los climas invernales, pero en las más frías, debe contarse con que las heladas y los vientos tienen un efecto devastador sobre las plántulas de manera que, antes de plantar, es necesario asegurarse que lo más frío del invierno ya a pasado y que la temperatura no será inferior a los 5 °C.

Hay algunas especies que aguantan, incluso, temperaturas bajo cero: *Viola sp.* (pensamiento) y *Primula sp.* (primavera) pueden florecer perfectamente con condiciones invernales extremas, de modo que se pueden

encharcamientos y mezclar el mantillo que se ha puesto en la superficie con las capas que están debajo.

Al hacer esta operación, se deberá observar que no queden terrones compactos y, si los hubiere, habrá que desmenuzarlos y esponjar bien la tierra para que el suelo quede suelto y ventilado.

Con estas labores, cuando se pongan las plántulas en la tierra, los nutrientes llegarán fácilmente a las raíces alimentando adecuadamente los ejemplares.

Criterios para elegir las especies

La selección de las diferentes plantas de temporada que se

▲ *En los viveros o tiendas especializadas se pueden conseguir plántulas de diversas especies de temporada.*

▲ *Es importante alternar sabiamente las especies a fin de que sus floraciones se escalonen. De este modo toda la superficie tendrá siempre sus toques de color.*

aprovechar para cubrir con ellas la parte más fría del jardín o las zonas que se quieran ver florecidas en invierno.

Según el lugar, también será necesario proteger las plantas de los vientos, cosa que puede hacerse construyendo pequeños muros de piedra, madera o cualquier otro material, o bien utilizando láminas de plástico transparente.

En este caso será necesario hacer un armazón con madera o metal en el que se fije el plástico.

Los tallos, los capullos y los brotes son muy sensibles a los cambios de temperatura, de manera que si se siembra a mediados de invierno, cuando el tiempo parece estable y luego sobrevienen descensos bruscos de temperatura, será necesario tomar medidas para proteger las plántulas a fin de que no

mueran. Una cobertura con plástico puede ser suficiente.

El criterio de selección de especies tiene que basarse necesariamente en las condiciones climáticas: luz diurna, temperatura, vientos, lluvias, etc.

Distribución de las plantas en el jardín

Planificar el jardín es hacer, en cierta manera, un ejercicio de imaginación. No se trata de comprar semillas y distribuirlas por todos los huecos que queden libres sino, por el contrario, pensar cuál es el lugar que conviene a cada especie, ya sea por las necesidades de la planta o por motivos estéticos.

Si un ejemplar se coloca en un rincón que tenga las condiciones de temperatura, humedad y luz adecuadas, crecerá más rápidamente y dará más y mejores flores.

Otro de los aspectos que deben tenerse en cuenta cuando se haga la planificación del jardín, es el momento en que las especies florecen y cuánto dura la floración, ya que de no hacerlo así, se corre el riesgo de tener sectores del jardín muy coloridos en

▶ *En la decoración del jardín los gustos personales son importantes, aunque hay que recordar que es preferible agrupar las flores por colores a poner en un mismo parterre muchas tonalidades contrastadas.*

tanto que otros, en algunos momentos, aparezcan totalmente pelados.

Lo aconsejable es mezclar las especies para que las floraciones se vayan escalonando en toda la superficie y mezclando las plantas de temporada con las perennes.

Una combinación recomendable es mezclar *Dimorphoteca aurantiaca* (margarita del Cabo), *Lobelia erinus* (lobelia) o *Tagetes patula* (clavel chino), que son plantas con abundante floración, con otras que pueden desarrollarse en cualquier tipo de suelo, como *Aubrieta hibrida* (aubrecia) o *Papaver sp.* (amapola), o bien con otras más delicadas como *Impatiens sp.* (alegría) o *Begonia semperflorens* (begonia de flor).

De esta manera se conseguirá un estupendo efecto ornamental a la vez que se asegurará la presencia de flores en los parterres donde se planten las especies más delicadas o difíciles.

Las plantas de temporada se pueden agrupar según el color, pero conviene recordar que resultarán más llamativas si se pone un grupo de la misma tonalidad que si se mezclan demasiado los colores alrededor de todo el jardín.

Da un excelente resultado asociar flores de un tono vivo con especies de hoja, como *Buxus sempervirens* (boj), o con conífera no demasiado desarrolladas.

Hay muchísimas combinaciones posibles y se puede trabajar con ellas jugando con el color de las plantas de temporada que se usen y, muy importante, con el tamaño que finalmente tendrán las plantas.

En caso de que se alternen plantas de distintos colores, convendrá hacerlo en sectores aislados del jardín y no utilizar esta forma como criterio general; lo mismo con las que presenten distintas tonalidades en la floración, como ocurre con *Petunia sp.* (petunia) o *Viola tricolor* (pensamiento).

En cuanto a especies diferentes, se pueden poner, por ejemplo, una o dos matas de *Achillea sp.* (milenrama) en el centro de un macizo y rodearla luego con varios ejemplares de *Lupunus sp.* (altramuz).

Pregerminación y siembra en interior

Se puede anticipar la siembra de las especies de temporada por medio del método de la pregerminación. Éste consiste en iniciar el cultivo de los plantones, utilizando las semillas almacenadas en la temporada anterior o adquiridas en el comercio, en un lugar resguardado, bajo techo, que esté orientado hacia el sur y tenga una buena luz solar.

▲ *Un efecto interesante se consigue mezclando plantas cuyas flores sean de tonos intensos con especies de hoja o con coníferas pequeñas.*

Para pregerminar las semillas se necesita contar con una mesa o una superficie no demasiado pequeña, una cubeta plana y un trozo de tela o papel de fieltro.

CÓMO PREPARAR LA SIEMBRA

1

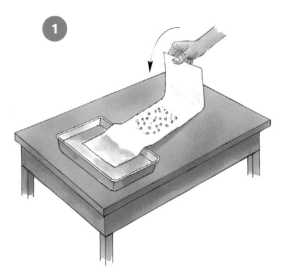

Empapar un trozo rectangular de tela o papel de fieltro, extenderlo y poner uno de sus extremos en una cubeta con agua.

2

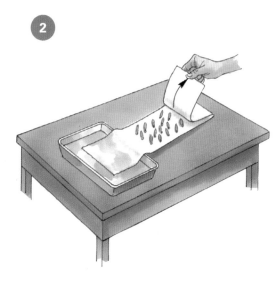

Disponer sobre el rectángulo las semillas regularmente espaciadas y cubrirlas con el trozo de tela o papel restante.

▲ *Cuando las semillas que se han plantado adquieran en primavera un tamaño considerable, trasplantarlas al tiesto definitivo y trasladarlas al exterior.*

El sistema consiste en empapar un trozo de tela, introducir uno de los extremos en un recipiente con agua y extender el otro sobre una superficie plana.

Sobre su parte media se esparcen con regularidad las semillas y, una vez hecho esto, se las cubre con un doblez del mismo paño o papel.

El conjunto se coloca en una zona cálida y sin mucha luz y al cabo de dos o tres días, cuando las semillas hayan germinado, se las planta en semilleros individuales. Es el momento de colocarlas a la luz.

Los plantones deberán permanecer en sus recipientes un mes y en este tiempo será necesario mantenerlos bajo una temperatura, luz y humedad constantes.

Si se dispone de un invernadero o una terraza acristalada éstos serán, sin duda, los lugares más adecuados para dejar las plántulas hasta el momento de trasplantarlas.

Colocación de plantones

Al comienzo de la primavera, las plantas que se pusieron a pregerminar en el invernadero o en el interior de la casa, se habrán convertido en plantas de considerable tamaño. Algunas, incluso es probable que presenten algunas flores.

Éste es el momento de trasladarlos al jardín, de que empiecen su vida en el exterior. Esta operación conviene hacerla al atardecer ya que las plantas son muy sensibles al sol cuando se las acaba de trasplantar.

Haciéndolo poco antes del anochecer, al menos se les provee de unas horas en las que se puedan adaptar a su nuevo entorno.

▲ *Para favorecer su adaptación conviene que los plantones que han crecido en el interior de la casa sean sacados al exterior por primera vez a la puesta de sol.*

El suelo se debe preparar con antelación; lo mejor es haberlo abonado durante el invierno con un capa de mantillo para reponer los nutrientes.

Antes de trasladar los plantones se regará para que la tierra esté húmeda y se cavarán unos pequeños pozos en los cuales quepan holgadamente las raíces.

Una vez que el suelo esté preparado, se utilizarán unas tijeras para separar cada uno de los recipientes que forman el semillero.

La operación de sacar el plantón del semillero se hace sujetando el tallo principal entre los dedos, con la palma apoyada en la tierra; se da vuelta al recipiente y, con la otra mano, se retira con cuidado para no dañar las raíces.

Se introduce el plantón en el hueco que se ha hecho en el suelo, se cubren las raíces con tierra y se aprieta ligeramente con los dedos para que no queden burbujas de aire.

La tierra deberá mantenerse húmeda y el ejemplar deberá estar al abrigo del viento hasta que arraigue por completo.

Siembra en el exterior

Para hacer la siembra en el exterior deberá esperarse a que terminen

▲ *El tiesto que contendrá los nuevos plantones deberá tener tierra húmeda. En él se cavarán pequeños pozos para que las raíces puedan introducirse en el suelo con facilidad. Después, se cubrirá con tierra la raíz.*

las heladas; es decir, a comienzos de primavera.

Antes de semillar, es mejor asegurarse de que la temperatura no caerá por debajo de los 5 °C poniendo en peligro las frágiles plántulas.

El suelo se habrá preparado durante el invierno y con el abonado se le habrán repuesto los nutrientes; también estará lo suficientemente aireado y mullido.

Antes de sembrar, será necesario regarlo bien para que tenga el grado de humedad necesario para promover la germinación.

Será conveniente aplastar también la tierra antes de colocar en ella las semillas.

◄ *Antes de trasladar los plantones, la tierra tiene que tener la humedad adecuada.*

Es necesario recordar que no todas las semillas logran germinar, de manera que a la hora de plantarlas, será necesario poner dos o tres juntas.

El espacio que guarden estos grupos entre sí, estará dado por el tamaño que vayan a alcanzar las plantas una vez que crezcan.

Se puede jugar con la distribución de las plantas y crear en el jardín diferentes estructuras: rodear con ellas los arbustos, bordear los parterres, ponerlas a los lados de un camino, delimitar zonas, juntarlas en pequeños grupos en torno a las columnas, mezclarlas con otras especies perennes o con arbustos, etc.

Las plantas de temporada permiten hacer múltiples diseños en el jardín y cambiarlos todos los años.

Para formar grupos, las especies que mejor resultado dan son *Petunia sp.* (petunia), *Celosia sp.* (celosía), *Tagetes patula* (clavel chino) y *Viola sp.* (pensamiento).

Además, ofrecen una amplia variedad de colores con los que también se puede jugar a la hora de emplazarlas en los diferentes sectores del jardín.

Formas de alargar la floración

Las especies plantadas a finales del invierno o a comienzos de la primavera, como es el caso de *Viola sp.* (pensamiento), son las primeras que empiezan a perder su lozanía y a mostrar signos de marchitamiento ya que les queda poco tiempo de vida. Ante estos síntomas, se las podrá sustituir por especies que aguanten bien las temperaturas más altas del verano y así mantener el jardín florido hasta bien entrado el otoño. Para hacer esta sustitución, las plantas más adecuadas son *Gazania splendens* (gazania), *Helenium autumnale* (helenio) o *Godetia hybrida* (godetia).

Si se retiran las flores ya marchitas y se ponen nuevas, es necesario recordar que la tierra está agotada, razón por la cual debe regenerarse. La forma más fácil de hacerlo es cambiar una capa superficial de tierra, de unos diez centímetros de grosor, por mantillo.

▲ *Una de las ventajas de las plantas de temporada es que permiten rediseñar cada año el jardín. Poseen una extensa variedad de colores y formas, ideales para conseguir múltiples efectos estéticos.*

Una vez hecho, se remueve con la tierra restante hasta alcanzar los 25 centímetros de profundidad. Además, dará al suelo la suficiente ventilación. Las plantas que se coloquen en sustitución de las que han florecido primero se pueden tener pregerminadas en el interior.

Habrá que pensar, también, en plantar en lugares donde las plantas estén protegidas de los primeros fríos del otoño y donde reciban por más tiempo los rayos del sol a fin de prolongar aún más la floración.

Además de elegir los lugares más protegidos del jardín, sobre todo los orientados hacia el sur, cuando comience el frío en caso de comenzar las lluvias conviene cubrir los ejemplares con material aislante como plástico, cañizo, etc., que las protejan del viento y de las bajas temperaturas.

▲ *Con la llegada del otoño es necesario proteger las plantas de temporada del frío. Para ello, se las puede poner en el interior durante la noche.*

Otra solución, sobre todo para aquellos lugares donde el mal tiempo llega pronto, consiste en poner las plantas de temporada en jardineras que puedan ser colocadas en el interior al caer la noche, que es el período de máximo riesgo.

En ocasiones, los troncos parecen soportar el frío sin mayores problemas y son las raíces las que más sufren con los rigores. En estos casos es conveniente cubrir el suelo con cortezas de pino o con otro tipo de material que sirva como aislante en los lugares donde estén estas plantas, a fin de que la tierra no pierda tanta temperatura. Prestando atención a las necesidades y estado de las plantas, y llevando a cabo pequeños cuidados, el período de floración se alargará considerablemente.

▲ *Una forma de alargar la floración es distribuir las flores más resistentes al frío, en los lugares más protegidos del jardín y orientados al sur.*

▲ *Los días templados, el suelo bien abonado y la presencia de la luz solar ayudan a obtener una excelente floración.*

El riego y la fertilización

Durante los meses estivales es necesario tener cuidado de que el suelo se mantenga siempre húmedo pues los fuertes calores podrían resecar la tierra y, con ello, marchitar las plantas.

Si los días son templados y hay luz suficiente, las plantas de temporada crecerán rápidamente y con fuerza consumiendo los nutrientes del suelo.

En caso de que estos se llegaran a agotar, el resultado sería una floración pobre, escasa.

Para evitar estos problemas es necesario, ante todo, regar con la frecuencia necesaria. Para reponer los nutrientes del suelo de manera que las plantas obtengan de él todo lo que necesitan para su normal crecimiento, se puede añadir un fertili-

zante líquido al agua de riego o bien, en las especies con ciclo de vida largo, es más recomendable esparcir mantillo bien desmenuzado entre los diferentes ejemplares; de esta manera se asegurará que los nutrientes se vayan incorporando al suelo poco a poco, durante más tiempo.

La frecuencia de riego estará relacionada con la temperatura del momento y con las lluvias; en lugares donde éstas son frecuentes, no será necesario un aporte de agua extra. De todos modos, para saber si es necesario regar bastará con mirar la superficie de la tierra: si la superficie está reseca, es que necesita riego.

Eliminación de las malas hierbas

A diferencia de las especies perennes de gran talla como las trepadoras, los árboles o los arbustos, muchas plantas de temporada son

▲ *Si se observa que la planta sufre la falta de nutrientes en el suelo, se pueden agregar abonos líquidos al agua de riego.*

dente velocidad de crecimiento, con lo cual si no se controlan, pueden tapar totalmente a las plantas ornamentales consumiendo, además, los nutrientes del suelo.

La forma de erradicarlas es sencilla pero laboriosa: si los ejemplares que se han plantado se encuentran lo suficientemente separados entre sí, se puede pasar en el espacio que hay entre ellos una azadilla para levantar las raíces de las malas hierbas que allí se desarrollen.

Si los ejemplares se han plantado muy juntos y su densidad no permite pasar alrededor de cada una la azadilla, no queda otro remedio que hacer el trabajo a mano quitando las malas hierbas una a una. Para que resulte más fácil la operación, conviene regar antes de ponerse a la tarea de eliminar las malas hierbas ya que con la tierra húmeda es más sencillo arrancar la planta entera.

▲ *Las malas hierbas se reproducen con mucha facilidad y no sólo afean el aspecto del jardín sino que, además, consumen los nutrientes.*

Cuidar el aspecto

En la mayoría de las plantas de temporada, las flores se suceden unas a otras durante toda la vida del ejemplar; a medida que se mueren unas, surgen otras.

Sin embargo, las flores marchitas no se caen inmediatamente; a menudo quedan en la planta durante un tiempo en el cual, algunas de ellas, producen semillas.

de tamaño más bien pequeño, de complexión más débil; por esta razón sufren más la presencia de las malas hierbas que, en ocasiones, pueden llegar a perjudicar seriamente su crecimiento.

En las zonas de las plantas de temporada el suelo se abona, ventila y esponja una vez al año, de ahí que tenga mejor calidad y sea más apto para la proliferación de cualquier vegetal, incluidas las malas hierbas.

Éstas se caracterizan por producir muchas semillas que germinan fácilmente y tienen, además, una sorpren-

◄ *Para que una planta de temporada luzca en todo su esplendor es necesario ir quitándole las flores que se han marchitado.*

◀ Las fuentes, además de cumplir una función estética indiscutible, contribuyen a mantener las especies que necesitan mayor humedad.

Las flores que han comenzado a marchitarse, suponen para la planta una pérdida de nutrientes y de energía que bien podría utilizar para aumentar la floración; por eso es recomendable retirarlas en cuanto muestren síntomas de empezar a perder su lozanía.

A tal efecto se pueden cortar por el tallo que las une a la mata para evitar que sigan consumiendo energías.

Esto, además, servirá para mejorar el aspecto general de cada uno de los ejemplares.

Hay que señalar que es recomendable podar todas las hojas y tallos estropeados dejando sólo aquellas partes de la planta que están en óptimas condiciones.

Recogida de semillas

Una vez que las flores han sido polinizadas, la corola comienza a marchitarse y se inicia la formación del fruto que, en su interior, contendrá las semillas que den vida a nuevos ejemplares.

En ocasiones, se pueden ver las semillas aún verdes en los frutos, pero es necesario que éstas maduren en la planta antes de ser recogidas. Si se las saca antes de tiempo, no estarán lo suficientemente formadas como para germinar y crecer.

Se podrá tener seguridad acerca de su madurez cuando otros frutos se desprendan de la planta y caigan a la tierra; ese será el momento de recolectarlas, cosa que ocurre, normalmente, hacia el otoño.

Hay especies especialmente hermosas, cuyos frutos tienen una gran cantidad de semillas de buen tamaño y calidad como *Cheiranthus cheiri* (alhelí amarillo), *Tagetes panula* (clavel chino) o *Calendula officinales* (maravilla).

Proceso de recolección de semillas

Iniciar la recolección una vez que los frutos estén secos en la planta.

Se extenderán las semillas sobre papel de periódico o cualquier otro que sea absorbente a fin de hacerles perder toda su humedad.

Colocar el papel en un lugar soleado y ventilado, a cubierto de cualquier corriente de aire que pudiera esparcir las semillas.

Hay que dejarlas secar de esta manera durante dos o tres días.

Se deben separar las semillas en pequeños grupos y guardarlas en sobres de papel, etiquetándolos con el nombre de la especie a la que pertenecen, la fecha y datos de interés como forma, color o lugar donde ha estado la planta madre a fin de recordarla.

Por último, se pondrán dichos sobres en una caja de cartón a la que previamente se le habrán hecho algunos agujeros para que esté ventilada y guardar ésta en un lugar seco y fresco hasta el momento de sembrar.

Qué hacer con los ejemplares secos

Para mantener el buen aspecto del jardín es necesario quitar los ejemplares secos, las hojas, flores y ramas marchitas que se acumulan sobre la tierra, sobre todo hacia finales del otoño.

Una posibilidad es recogerlos y tirarlos en el contenedor de basura y otra, es aprovecharlos.

Hay dos maneras de convertir en algo útil las partes secas o marchitas de las plantas: una de ellas es dejarlas sobre el suelo, a medida que vayan cayendo, y aplastarlas con una pala.

De esta forma, cuando llegue el invierno y caigan luvias y heladas, el suelo estará mucho más protegido. El agua de lluvia lava

◀ *El jardín mantiene un aspecto mejor si se retiran la hojas secas y las flores marchitas o, mejor aún, si se aplastan con una pala para que protejan el suelo.*

y arrastra las capas superiores del suelo y el hielo, las endurece y enfría.

Acolchando la tierra con los ejemplares muertos, estará más abrigada y preparada para la siembra cuando llegue su momento.

Otra solución es utilizar una cubeta de compost; allí se puede unir a otros materiales de desecho y formar un abono que se podrá utilizar a la hora de preparar el suelo a finales del invierno.

Plantas de rocalla

La rocalla es un sector del jardín que imita a la montaña y que se construye con rocas, habitualmente en zonas donde ya haya pendientes naturales. Estos espacios no deben ser colocados a la sombra de los árboles sino en espacios abiertos.

Para construir una rocalla se pueden utilizar diferentes tipos de roca, aunque la más común es caliza, de diferentes tonos; también se emplea arenisca, toba y granito. No se aconseja el yeso.

◄ *Las zonas del jardín que logran imitar la montaña, con sus rocas y pendientes, se denomina rocalla y en ella se plantan ejemplares de temporada.*

Siembra de las plantas de rocalla

Los ejemplares aptos para la rocalla se incluyen dentro de las plantas de temporada. Se siembran, según la especie, en primavera y en otoño.

Las semillas se esparcen entre las grietas de la roca, en manchas o bancales y luego se riegan y se protegen del sol hasta que echen raíces y estén firmes. La tierra, durante todo el año, deberá mantenerse húmeda.

La elección de las plantas deberá hacerse en función de la temperatura, la luz diurna que tenga el lugar, las dimensiones del espacio que se quiera ocupar, etc.

Se pueden mezclar plantas de diversos tamaños y las plantas colgantes pueden combinar bien con arbustos o plantas perennes.

▲ *Las semillas se pueden plantar entre las grietas o en bancales. El suelo ha de mantenerse húmedo durante todo el año.*

Es recomendable elegir ejemplares que florezcan en diferentes estaciones, a fin de que la rocalla siempre presente el mejor aspecto posible. Se pueden recomendar para una rocalla: *Alisum saxatile* (aliso), *Dianthus alpinus* (clavel de los Alpes), *Primula auricula* (prímula alpina), *Campanula garganica* (campánula), *Verbena sp.* (verbena), *Silene sp.* (silene) o *Aster alpinus* (aster).

Preparación del suelo

La preparación de una zona del jardín para plantas de rocalla requiere la incorporación de piedras, guijarros, troncos huecos y trozos de madera para dar relieve y forma a la composición. Es necesario asegurar que los ejemplares que se dispongan en ese sector del jardín cuenten con una buena reserva de nutrientes que les provean de una alimentación a largo plazo. Ello se consigue cubriendo los huecos que vayan quedando libres con mantillo o restos de vegetales como la hojarasca, las ramas trituradas o el césped cortado. También se puede agregar a ello cenizas de la chimenea o posos de café.

Una vez que se ha formado este sustrato, es necesario cubrir toda la rocalla con tierra fértil o con una mezcla de arcilla y compost y, a continuación, regarlo con abundante agua para darle consistencia. De este modo los elementos que se han mezclado se

▲ *En la rocalla se pueden plantar diferentes especies pero la elección deberá hacerse en función de la temperatura, la luz y las dimensiones del lugar.*

incorporarán al suelo y servirán de alimento a las especies que se dispongan en la rocalla.

El preparar así el suelo es fundamental en el caso de que se hayan planificado, junto con las plantas de temporada, algunas enredaderas, coníferas enanas o plantas de porte rastrero que, por lo general, demandan mucha materia orgánica y utilizan la de otras plantas si no la encuentran en el suelo. En cada temporada será necesario reponer los nutrientes; para ello se esparcirá sobre la tierra una pequeña cantidad de mantillo.

◀ Silene conica *(silene) es una variedad muy vistosa en primavera y verano.*

Poda

Algunas especies de rocalla, durante el invierno, quedan reducidas a un montón de ramas y hojas secas que envuelven los tallos principales encajados en las grietas de las rocas. Tal es el caso, por ejemplo, de *Silene sp.* (silene) y *Verbena sp.* (verbena).

La función de estos amasijos de ramas y hojas es proteger del hielo y la nieve a las partes vivas de la planta.

Antes de la llegada de la primavera o en los comienzos de la estación, es necesario eliminar estos restos a fin de que los nuevos brotes puedan salir sin dificultad, por una parte, y con el objeto de limpiar el jardín y conseguir un aspecto más cuidado y estético de todo el conjunto.

Dicha operación se lleva a cabo con unas tijeras de poda bien afiladas.

Se cortan progresivamente todos los restos en cada una de las matas principales, dejando tan sólo los tallos más gruesos y robustos que se encuentran, por lo general, a ras

del suelo; ya sea pegados a las rocas o, en ocasiones, entre las grietas y oquedades.

Cuando se empiece a regar los brotes surgirán con fuerza.

También será necesario podar aquellos tallos que se hayan salido de los límites que se les asignó previamente y que han pasado a ocupar el lugar destinado a otras especies. En estos casos los cortes deben ser hechos en la base de la mata ya que se trata de corregir la dirección del crecimiento.

▲ Antes de primavera es necesario cortar aquellas partes secas de la planta que han servido para proteger de las heladas los tallos vivos y abrir paso a los tallos nuevos.

Bulbos y tubérculos

Bulbos y tubérculos

BULBOS Y TUBÉRCULOS

PARA QUE LOS TALLOS y las hojas de las plantas bulbosas y de los tubérculos vuelvan a renacer después del período de descanso, es necesario un tiempo de preparación mayor que para otras especies.

Los bulbos y tubérculos son estructuras en las que la planta guarda sustancias nutricias y que sirven, además, para proteger otras partes vitales y esenciales para el crecimiento, como son las yemas.

Por eso si el frío, el hielo o la humedad inciden directamente sobre los bulbos, lo más

probable es que se deterioren y no vuelvan a rebrotar más.

Esto determina que se deba prestar mucha atención al cuidado y manipulación de los bulbos; que sea necesario que la tierra en la que se planten tenga condiciones óptimas de temperatura y humedad.

Preparación del suelo

En la naturaleza, las plantas bulbosas y tuberosas pasan el período de reposo enterradas bajo tierra, formando estructuras con forma de globo llamadas bulbos y tubérculos.

Para que, tras este período de reposo, puedan reiniciar el crecimiento de raíces, tallo y hojas, estas plantas necesitan un tipo de suelo especial, que además de brindarle los nutrientes pueda proteger adecuadamente los bulbos y tubérculos.

Como ocurre con casi todas las plantas, lo primero que ha que verificar es que el terreno tenga un drenaje en óptimas condiciones; son más la plantas que mueren por exceso de agua o por encharcamiento, que por falta de riego.

Es necesario que el suelo esté mullido, blando, aireado y limpio de piedras ya que los bulbos y tubérculos aumentan de tamaño en cada nueva temporada, y necesitan a su alrededor espacio libre para poder crecer.

En un suelo demasiado compacto, con piedras, restos de troncos o cualquier otro elemento que pudiera dañarlos o comprimirlos impidiendo su crecimiento, lo más probable es que se desarrollen de forma defectuosa

▲ En los viveros se puede conseguir una amplia variedad de bulbos, que por su delicadeza deben ser manipulados con sumo cuidado.

Las bulbosas y tuberosas en el jardín

Antes de iniciar la plantación de las bulbosas, es recomendable planificar cómo se van a distribuir y qué especies se van a utilizar. Esta selección se debe hacer teniendo en cuenta :

- • La época de floración.
- • Las condiciones de temperatura y humedad en el sector del jardín donde se las quiere ubicar.
- • Las características de tamaño y color de la planta.

Es decir, teniendo presentes las condiciones que necesita cada ejemplar para poder desarrollarse y florecer y, también, el aporte estético que hará cada especie en particular al diseño global del jardín.

y eso redundaría en la cantidad y calidad de flores, así como en la resistencia que puedan mostrar frente a enfermedades o plagas.

Para asegurarse de que el bulbo o el tubérculo pueda disponer del lugar que necesita, antes de plantarlos excavar un hoyo que duplique en tamaño al bulbo o tubérculo.

Dejar ese hueco completamente limpio de piedras y desmenuzar bien los terrones que haya en él. Lo más indicado sería cribar la tierra ya que con ello se garantiza que estará lo suficientemente suelta, aireada y esponjosa para que las bulbosas y tuberosas se puedan desarrollar de la mejor manera posible.

De la tierra que se ha quitado para hacer los hoyos, habrá que quitar la tercera parte y reemplazarla por mantillo para cubrir con ella los tubérculos o bulbos.

También se puede poner el mantillo en una capa sobre la superficie en la que se han plantado.

Los bulbos y tubérculos guardan nutrientes para alimentar la planta cuando renazca.

▲ *Los bulbos cuya floración se realiza en invierno y a principios de la primavera se deberán plantar durante el otoño.*

Floración de invierno

Durante el otoño se plantarán los bulbos que florecen en invierno y a principios de la primavera; es decir, ejemplares que estarán enterrados durante una estación que no es demasiado fría y que, por lo general, tiene abundantes lluvias con lo que es más fácil que el suelo tenga la humedad que las plantas necesitan.

Las especies más conocidas de las que florecen durante el invierno son *Narcissus sp.* (narciso), que muestra unas hermosas flores de color amarillo intenso; *Muscari sp.* (nazareno), con flores de un hermoso y llamativo azul, *Anemone hepática* (anémona), en la que aparecen antes las flores que las hojas e *Iris reticulata* (lirio reticulado), que se presenta en una gran variedad de colores y tonos, todos ellos de una gran belleza.

Todas estas especies pueden combinarse de manera que sus colores armonicen entre sí, con especies perennes que haya en su proximidad o con otros elementos ornamentales del jardín.

La plantación de los elementos que florecen en invierno y a principios de primavera, debe hacerse en otoño.

Lo mejor es plantar los bulbos al principio de la estación para que, cuando empiecen las heladas o las caídas grandes de temperatura, sus raíces estén totalmente desarrolladas.

Hay que destacar que existen bulbosas como el *Narcisus sp.* (narciso) o *Galanthus sp.* (flor de nieve) que pueden plantarse ya a finales de verano.

Precauciones

En los lugares de clima muy riguroso, es necesario dar a los bulbos que están enterrados una protección extra: una capa de paja o compost de origen vegetal sobre el suelo para que la tierra no se hiele demasiado y los bulbos o tubérculos no se deterioren con el frío.

▲ *Antes de cubrir la raíz a tierra que queda en la herramienta, mezclar ésta con un poco de mantillo para añadirle nutrientes.*

▲ *La profundidad a la que se plante el bulbo de las especies de invierno deberá guardar relación con el frío que deberá resistir el ejemplar.*

Profundidad de plantación para bulbosas de invierno

Las bulbosas de invierno son plantas a las que hay que prodigar más cuidados ya que se desarrollan en un clima básicamente hostil. La profundidad a la que esté enterrado el bulbo será un factor importante ya que está relacionada con el frío que deberá resistir.

Para las bulbosas que florecen más tarde, los cuidados no son tan exhaustivos. La distribución de estas especies, al no correr el riesgo de las heladas, puede hacerse con mayor libertad.

La forma habitual de colocar las bulbosas en el jardín consiste en alinear los ejemplares a lo largo del límite de los parterres o en el borde de la pradera. Para ello, se hacen agujeros a intervalos regulares con un plantador de bulbos o con cualquier otra herramienta.

Una manera diferente de emplear las bulbosas consiste en agrupar los ejemplares de una misma especie en macizos. Si se opta por esta forma, en lugar de cavar hoyos indivi-

Esta capa protectora se puede mantener en el suelo incluso después de que los bulbos hayan despuntado.

Se pueden utilizar vallas y muros para parar los vientos. Si se plantan en jardineras, en los días más fríos será posible dejarlas por la noche a cubierto.

Lo importante es seleccionar las zonas del jardín que desde las primeras horas del día no presenten rastros de escarcha o hielo.

Las más cálidas son las orientadas hacia el sur y hacia el este.

Las bulbosas se pueden plantar en las proximidades de algún arbusto que le brinde protección frente al viento y a la lluvia. Bajo ningún punto de vista se deben plantar bulbos en lugares del jardín propensos a encharcarse. Si el terreno tuviera desniveles, habrá que contar con la posibilidad de que, si se sitúan los ejemplares en la zona más baja, ésta podría retener agua en exceso, factor que podría influir de forma negativa en el desarrollo de las bulbosas.

▶ *Narciso.*

duales para cada bulbo convendrá levantar todo el sector del jardín que vaya a ocupar el macizo y depositar en él los bulbos dejando una separación prudencial entre ellos. Una vez depositados, se cubrirán con la tierra que se ha levantado.

Como ya se ha explicado, si ésta se puede tamizar, tanto mejor ya que estará más esponjosa y aireada. Una vez que se han cubierto, regar para que la tierra se asiente.

Para dar una sensación de mayor color en los parterres de bulbosas se pueden establecer dos líneas de plantación, paralelas, de las cuales en la primera los bulbos estarán a mayor profundidad que los de la segunda. Éstos se plantarán formando un zigzag, imaginando que los huecos de ambas líneas son posiciones de uno a diez, en la fila anterior se plantarán los bulbos en los números impares y en la posterior, en los pares.

Cuando las plantas florezcan, la sensación que producirán es de mayor densidad, de mayor color.

Esta técnica también se puede usar con flores de diferentes especies, aunque en este caso, para

▶ *En los parterres de bulbosas se pueden establecer dos líneas de plantación paralelas. En la primera línea estará enterrada a mayor profundidad que la segunda. Los bulbos se colocan de forma alterna.*

crear los desniveles podría tenerse en cuenta las diferentes alturas que alcanza cada una de las especies a utilizar.

Técnicas de plantación de bulbos y tubérculos

Cuando el terreno ha sido preparado adecuadamente, se puede iniciar la plantación de los bulbos y los tubérculos que darán flor en primavera.

Para que las plantas no se estropeen, es necesario hacer un hoyo más ancho que el grosor del bulbo o del tubérculo con un plantador. La profundidad debe ser, en principio, el doble de la longitud del bulbo.

Antes de poner las plantas en los hoyos, cubrir el fondo de éstos con una fina capa de arena, de unos dos centímetros de grosor y, sobre ésta, compost de origen vegetal.

Con esta medida se garantizará un buen drenaje y se evitará el encharcamiento del terreno, que tanto puede dañar a los bulbos y a los tubérculos.

▲ *Entre las bulbosas de primavera se encuentran las variedades del género, que cuenta con una gran variedad de color.*

Para cavar los hoyos donde se pondrán los bulbos lo mejor es utilizar un plantador; sobre todo si éstos se hacen al borde de la pradera y no se la quiere estropear.

Esta herramienta consiste en una hoja enrollada de modo que forma un cilindro, que dispone de un asa o empuñadura para presionarla a la hora de clavarla en el suelo.

Una vez que se entierra, se extrae el plantador con la porción de tierra que ha quedado dentro.

La ventaja es que los hoyos que se cavan con esta herramienta tienen bordes perfectamente definidos y de una profundidad idónea para plantar los bulbos en ellos.

Es necesario recordar que una vez que la tierra se extraiga del plantador, conviene mezclarla con un poco de mantillo antes de utilizarla para tapar el bulbo que se ha enterrado.

A partir de este momento, habrá que vigilar que la tierra tenga siempre la humedad necesaria pero que no se encharque.

Para que las hermosas flores que dan las bulbosas y tuberosas no falten en el jardín, se puede hacer una plantación escalonada.

Se pueden elegir para ello bulbos de una misma especie o de especies diferentes.

A la hora de poner éstos en los hoyos que se han cavado, es necesario manipularlos con mucho cuidado ya que se podrían tronchar los delicados brotes. Los bulbos se deben depositar en el centro del hoyo, sin presionar ni hundirlos; sólo ponerlos delicadamente y luego se cubrirán con la tierra que se ha sacado del hoyo.

Se completará la plantación regando para que la tierra se asiente.

La técnica consiste en plantarlos con una semana de intervalo entre unos y otros para que siempre haya unos cuantos en flor.

Reposición de las especies de invierno

Las bulbosas de invierno o de primavera temprana son las primeras en salir, pero también las primeras en marchitarse.

Esto deja lugar en el jardín para la renovar la floración durante el verano y a principios de otoño.

Para que las nuevas especies que se planten obtengan del suelo los nutrientes necesarios, éste deberá ser preparado convenientemente.

Cuando las hojas y tallos de las especies de floración invernal se hayan secado, retirar los bulbos.

Hay que remover la tierra deshaciendo los terrones y mezclarla con mantillo o compost

▲ *La* Canna indica *(caña india) necesita bastante humedad para desarrollarse.*

vegetal. Después, se hacen los huecos y colocar en ellos los bulbos.

A continuación, se debe regar para lograr que la tierra se asiente adecuadamente.

Por último, es conveniente regar diariamente, sin que el suelo llegue a encharcarse, para que los bulbos y tubérculos despunten lo antes posible.

Las especies que se consideran más adecuadas, se pueden plantar en esta época son: *Mirabilis jalapa* (don Diego de noche), *Dahlia variabilis* (dalia), *Agapanthus africanus* (agapanto), *Tigridia pavonia* (frigidia), *Begonia elatior* (begonia tuberosa) y *Chrysantemum sp.* (crisantemo).

Las bulbosas de primavera

En primavera florecen las especies de bulbosas más conocidas y también más bonitas, como por ejemplo las diferentes espe-

▲ *La floración de las bulbosas es tan abundante, que se puede cortar algún ramillete sin perjudicar al jardín.*

cies y variedades del género *Tulipa sp.* (tulipán), *Hyacinthus sp.* (jacinto) con su extensa gama de colores, las delicadas y exóticas especies de *Iris sp.* (lirio), *Gladiolus sp.* (gladiolo) o las bonitas campanillas de *Lillium sp.* (azucena).

Estas especies se pueden cultivar bajo condiciones muy similares, a excepción de pequeños matices como el riego, las condiciones de temperatura y humedad o el tipo de suelo que necesitan para desarrollarse.

Hay algunas especies, como *Hyacinthus sp.* (jacinto), que pueden desarrollarse en suelos pobres, incluso sobre guijarros, mientras tengan la suficiente humedad y otras, como diferentes variedades de *Tulipa sp.* (tulipán), son muy exigentes en cuanto al suelo; éste debe ser muy rico y mullido y, además, estar bien aireado.

La *Dahlia sp.* (dalia) prefiere los suelos arenosos pero con una buena dosis de nutrientes adicionales que se le pueden administrar en forma de fertilizantes. Así su característica floración será abundante y duradera.

Las necesidades hídricas de estas bulbosas varían de una especie a otra; entre las que exigen mayor cantidad de agua se pueden citar *Hyacinthus sp.* (jacinto), *Ranunculus sp.* (ranúnculo), *Iris kaempferi* (lirio japonés) y *Gladiolus sp.* (gladiolo).

Las especies que requieren atención menos son *Dahlia sp.* (dalia), *Chrysanthe-*

▲ *Los ejemplares de bulbosas se pueden plantar junto con otras especies de estación creando hermosos contrastes de forma y color.*

mum sp. (crisantemo) e *Iris xiphium* (lirio silvestre).

Poda y recolección de flores

Cuando las bulbosas florecen, es sorprendente el gran número de flores que, habitualmente, producen; tanto es así que si se plantan en grupo, se puede cortar un ramillete sin que eso represente un deterioro del jardín. De este modo se pueden aprovechar para adornar también el interior de la casa.

Pero también es muy cierto que en la medida en que florecen, también se marchitan y ello hace necesario quitar las flores que ya están deslucidas para que no consuman nutrientes que podrían ser empleados en nuevas flores.

◄ *Algunas bulbosas de primavera como* Chrysanthemum sp. *(crisantemo) pueden prolongar su floración hasta finales del verano.*

A la hora de cortar flores o tallos es recomendable utilizar tijeras de podar y dar el corte siempre a ras de la mata.

De esta manera, por un lado se podrán formar ramos más vistosos y grandes y, por otro, se le evitará a la planta la pérdida de savia al no tener que irrigar un trozo de tallo que no engendrará ninguna flor.

Algunas plantas, como en las especies del género *Iris sp.* (lirio) y *Chrysanthemum sp.* (crisantemo) pueden prolongar su floración hasta finales de verano e, incluso, hasta principios de otoño, pero para que puedan producir nuevas flores es necesario que cuenten con las energías suficientes, por un lado, y con un suelo nutritivo por el

otro. Por ello la poda de tallos, hojas y flores marchitas es, en estos ejemplares, tan importante si se quiere prolongar la floración.

Algunos cuidados de las bulbosas

En el verano florecerán especies como *Iris Kaempferi* (lirio japonés), *Mirabilis jalapa* (don Diego de noche), *Dahlia sp.* (dalia) o *Gladiolus sp.* (gladiolo).

Los cuidados que se les deban brindar serán mínimos si la preparación del terreno ha sido la adecuada y si se ha escogido un buen lugar para ellas.

Durante los meses de calor conviene regarlas en los períodos en que los rayos del sol no llegan hasta ellas; es decir, a primeras horas de la mañana o al atardecer.

▶ *Las hojas y las raíces de las bulbosas pueden verse afectadas por la presencia de caracoles y babosas.*

El agua es fundamental para las bulbosas y su escasez determinará, sin duda, una reducción de la floración, tanto en cantidad como en duración. A medida que transcurre la estación y se va regando, la tierra que rodea a los bulbos se apelmaza.

◀ *Un limón boca abajo soportado por tres guijarros sirve para capturar babosas.*

Es importante deshacer los terrones y mantener el suelo que rodea a cada planta bien esponjoso y suelo ya que, de esta manea, los bulbos podrán crecer todo lo que necesiten y, además, produzcan nuevos ejemplares.

Las hojas secas y los tallos deberán ser quitados con regularidad, a medida que vayan apareciendo a fin de que las plantas no gasten savia en ramas y hojas que se están secando.

De este modo se podrá tener una floración más duradera y abundante.

Control de plagas

Los parásitos que con más frecuencia atacan a las plantas bulbosas y a los tubérculos son las arañas rojas y los pulgones.

Las primeras, se combaten con relativa facilidad aumentando la humedad de las hojas y tallos.

En el caso de los pulgones, la solución es rociar las plantas con un insecticida de origen natural, como el pelitre o la rotenona.

También puede aplicarse una solución de agua jabonosa mediante un pulverizador, ya que combate con bastante eficacia estos parásitos.

Las hojas y las raíces se ven afectadas a menudo por otros insectos que las comen, como caracoles, babosas, orugas, etc.

Suelen esconderse entre las grietas de las rocas, debajo de los tiestos o simplemente sobre el suelo, al abrigo de los arbustos.

▲ *Si se ha realizado una buena preparación del terreno antes de plantar los bulbos, los cuidados necesarios serán mínimos. Cuando suban las temperaturas, los riegos deberán hacerse después de la caída del sol.*

▲ Los bulbos no deben recogerse hasta que hayan terminado de almacenar nutrientes; es decir, cuando la planta esté completamente marrón.

Para prevenir plagas que posteriormente afecten a las bulbosas, es conveniente rociar con algún antihongos los bulbos que se hayan desenterrado para ser guardados durante el invierno.

▲ Una vez terminada la floración y después de haber retirado los bulbos, conviene rociar éstos con algún fungicida antes de guardarlos.

Retirada de bulbos y tubérculos

La manera de luchar contra estos animales es retirarlos con la mano, pero se pueden emplear pequeñas y sencillas trampas para cazarlos.

Para capturar babosas bastará poner un plato de cerveza a ras de suelo o medio limón boca abajo, soportado por dos o tres pequeñas piedrecillas.

Por la mañana se podrán retirar los animales que hayan caído en ellas.

Como la gran mayoría de las bulbosas termina su ciclo de floración en el verano, ésta será la época en la que se recolecten más bulbos y tubérculos.

Tras haber dado sus flores, las hojas y los tallos comienzan a amarillear tomando un color más oscuro cada vez hasta que, finalmente, quedan reducidos a un conjunto de ramas y hojas marrones, quebradizas y secas.

Cuando se observa esto en la planta, es señal de que el bulbo o el tubérculo ha terminado de almacenar del suelo las sustancias nutritivas para mantenerse vivo durante el período de descanso, y para empezar a echar raíces y tallos en la estación correspondiente.

Los bulbos y tubérculos se pueden desenterrar y guardar hasta el momento de ser plantados, a fin de tener espacio en el jardín para poner otras especies.

La operación debe hacerse con cuidado a fin de no dañarlos exteriormente ya que los cortes que se les pudiera hacer con la azada o con el desplantador, podrían perjudicar los ejemplares que surjan una vez que se los vuelva a plantar.

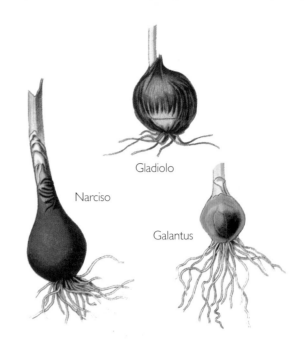

Gladiolo

Narciso

Galantus

▲ El almacenamiento de los bulbos se hace en un lugar oscuro y fresco. Conviene ponerlos en sobres de papel, con su fecha e indicando el nombre de la especie.

▲ El desenterramiento de los bulbos es una operación delicada. Hay que tener cuidado de no dañarlos con la pala ya que, si se les hacen cortes, podrían estropearse.

Para que el bulbo no sufra ningún deterioro, se debe enterrar la azada o el desplantador a bastante distancia del tronco principal y hacer palanca para ahuecar el terreno.

Hay que señalar que el bulbo se deberá desprender con la mano, limpiándole la tierra que pueda tener adherida.

Antes de guardarlo hasta la próxima estación, es necesario dejarlo secar al aire libre, en un lugar fresco, durante una semana por lo menos.

Es recomendable desinfectarlo con algún producto antihongos y luego guardarlo en un sobre de papel en el que se pondrá una etiqueta que indique la especie, la fecha y cualquier otra característica particular de la planta.

Los sobres deberán ponerse en una caja y ésta en un lugar oscuro y fresco hasta el momento de ser plantados.

LAS ESPECIES MÁS REPRESENTATIVAS DE BULBOS Y DE TUBÉRCULOS

LOS BULBOS

NOMBRE LATINO	NOMBRE	TALLA	FLORACIÓN	COLOR
ANEMONE SP.	Anemone	10 cm	Fin de invierno	Multicolor
CROCUS SP.	Crocus	15 cm	Fin de primav., princ. invierno	Violeta y amarillo
GALANTHUS SP.	Flor de nieve	30 cm	Princ. invierno	Multicolor
HYACINTHUS SP.	Jacinto	30 cm	Princ. invierno	Multicolor
IRIS RETICULATA	Iris reticulado	15 cm	Fin de invierno	Violeta
MUSCARI SP.	Nazareno	Hasta 40 cm	Mediados de invierno	Azul
NARCISSUS SP.	Narciso	20 cm	Fin de invierno	Amarillo
TIGRIDIA PAVONIA	Frogodoa	5-7 cm	Princ. primavera	Amarillo
TULIPA SP.	Tulipán	5-10 cm	Final otoño	Multicolor

LOS TUBÉRCULOS

NOMBRE LATINO	NOMBRE	TALLA	FLORACIÓN	COLOR
AGAPANTHUS AFRICANUS	Agapanto	20 cm	Princ. primavera	Lila
BEGONIA ELATIOR	Begonia tuberosa	5-10 cm	Princ. primavera	Rojo, rosa y blanco
CHRYSANTHEMUM SP.	Crisantemo	10 cm	Princ. primavera	Naranja
DAHLIA VARIABILIS	Dalia	5-10 cm	Princ. primavera	Multicolor
GLADIOLUS SP.	Gladiolo	10-20 cm	Fin de invierno	Rojo, rosa y blanco
MIRABILIS JALAPA	Don Diego de noche	5 cm	Princ. primavera	Multicolor

Arbustos y árboles

Arbustos

•

Plantas perennes

•

Floración en arbustos y plantas perennes

ARBUSTOS

▶ *Las especies arbustivas no son altas; rara vez superan los dos o tres metros. Sin embargo, aunque no alcancen el porte grandioso de un árbol, pueden ofrecer flores de hermosos colores.*

LOS ARBUSTOS SON ESPECIES de tallos leñosos que, a diferencia de los árboles que tienen un tronco alto, por lo general se ramifican desde el suelo.

No son especies muy altas; no suelen sobrepasar los tres metros y, en su gran mayoría, apenas alcanzan los dos o tres metros. También hay excepciones: ciertos arbustos, como *Camelia japonica* (camelia), se pueden cultivar dándoles la forma de pequeños árboles.

Empleo de arbustos en el jardín

Las especies arbustivas abarcan una amplia variedad de ejempla-res que, por sus cualidades, pueden cumplir diferentes cometidos o ser utilizados de diferente manera.

Algunos arbustos, como *Sambucus nigra* (saúco) tienen flores, en tanto que otros pueden tener hojas muy vistosas, de diversos colores y formas o ser aromáticos, como *Laurus nobilis* (laurel).

Se pueden plantar en forma de masas arbustivas, poniendo varios ejemplares de la misma especie en una zona determinada del jardín, o bien como ejemplares aislados.

◀ Laurus nobilis *(laurel) es un arbusto muy aromático.*

Existen arbustos que producen frutos comestibles como Rubus idaeus *(frambueso).*

Pero entre sus muchas utilidades se puede mencionar que resultan interesantes para formar con ellos setos y bordes con los que separar visualmente distintas zonas, y para proteger del viento otras especies más delicadas que crezcan a su vera. Con los arbustos se pueden obtener increíbles efectos y formas mediante la poda y se cuentan entre las especies más utilizadas en jardinería, ya sea para tapizar el suelo, crear setos o, simplemente, servir de adorno. También hay arbustos con frutos comestibles, como *Rubus idaeus* (frambueso) o *Rubus ulmifolius* (zarzamora).

▲ *Una de las aplicaciones más comunes de las plantas arbustivas es la formación de setos y bordes que frenan la llegada del viento a otros rincones del jardín.*

Abono del suelo

Los arbustos, al igual que las plantas perennes, año tras año crecen de tamaño.

A veces, su cambio de dimensiones es considerable y en otras, apenas se nota la diferencia.

El aumento de tamaño hace que tengan una mayor cantidad de hojas y de flores y que, por ello, necesiten una mayor cantidad de nutrientes para mantenerse vivos, florecer y crecer.

La reposición de los nutrientes, es decir el abonado del suelo, hay que hacerlo hacia finales de invierno, antes de que los primeros brotes comiencen a salir. De este modo, se dará tiempo al mantillo para que se deshaga y se incorpore al suelo a fin de que alimente las plantas en su período más activo.

Es conveniente que los ejemplares tengan a su alrededor un bordillo hecho con tejas, ladrillo, cemento o cualquier otro material de construcción.

Su objetivo es evitar que con las lluvias sucesivas o con el riego el mantillo o los productos que se hayan utilizado como abono sean arrastrados a otros lugares del jardín.

Para añadir el abono se deberá cavar alrededor del ejemplar con un azadón, formar una especie de montículo circular ocupado por una depresión en cuyo centro se encuentra el tronco.

Allí será necesario poner dos o tres palas de mantillo. El abono se puede completar con los posos de café y las cenizas de la chimenea.

Obtención de esquejes y división de matas

En los ejemplares de tallo leñoso, la obtención de esquejes o la división a pie de mata debe hacerse siempre en invierno.

Hay que cortarlos en esta época porque los tallos están llenos de yemas que aún no han iniciado su brotación.

◀ El invierno es la época en la que deberán cortarse los esquejes de los arbustos a fin de conseguir nuevos ejemplares.

Es conveniente tener preparados los esquejes con la suficiente antelación, ya que la primavera podría adelantarse y conviene que, cuando llegue, las raíces ya hayan empezado a salir.

Los esquejes deberán ser elegidos entre los que tengan más yemas y cortados con unas tijeras de podar, a unos veinte centímetros del ápice. El enraizamiento se facilitará si se sumergen los esquejes en un vaso con agua hasta que, al cabo de unos días, empiecen a aparecer las raíces.

En ese momento podrán plantarse con muchas más posibilidades de éxito.

Hasta la llegada de la primavera, estas nuevas deberán estar protegidas del frío excesivo, así como regadas de modo que la tierra a su alrededor permanezca siempre húmeda.

Para evitar los efectos del hielo se puede poner alrededor de cada planta una capa de agujas de pino, cortezas, paja o cualquier otro material que mantenga las raíces aisladas del frío.

La división de la mata tiene la ventaja de ofrecer un nuevo ejemplar ya desarrollado.

Se hace desenterrando el cepellón de raíces y dividiéndolo de modo que cada trozo tenga, al menos, un tallo ya desarrollado.

Se puede emplear una pala o cualquier elemento cortante para separar la maraña de raíces.

El nuevo ejemplar deberá ser plantado de la misma manera que se haría en cualquier trasplante.

El hoyo que se cave deberá ser lo suficientemente holgado para poder ser rellenado con tierra suelta una vez que se ponga dentro el cepellón de raíces.

En el fondo del pozo se debe colocar una capa de drenaje compuesta por grava y arena; puede tener un espesor de dos o tres centímetros de grosor y, sobre ésta, una capa de compost de cinco centímetros.

Cuando el hoyo esté preparado, introducir en él el cepellón de modo que la planta quede vertical y luego cubrirla con la tierra que se ha sacado. Si la planta necesitase un tutor, éste será el momento de ponerlo.

Cuando las raíces se hayan tapado, poner una capa de mantillo y taparla con otra de tierra.

▲ *Para que el nuevo arbusto se aclimate al jardín, es conveniente que, antes de plantarlo, permanezca una semana o dos en el jardín, dentro de su maceta.*

Plantación de nuevos ejemplares

Los ejemplares de arbustos a menudo se compran en los viveros o se obtienen, como se verá más adelante, de esquejes u otras formas de reproducción de los ejemplares que ya se tienen en el jardín o se han adquirido en el comercio.

En cualquiera de los dos casos, es recomendable mantenerlos en el jardín, dentro de la maceta en la que se han adquirido, durante varios días a fin de que se aclimaten a las condiciones del jardín. Esto es importante, sobre todo, para aquellas especies que provengan de climas más cálidos o más húmedos.

Cuando el ejemplar ya se haya aclimatado, se deberá cavar un hoyo que tenga el grosor aproximado a su cepellón de raíces. En los ejemplares en los cuales las ramas crezcan desde la base del tallo, el pozo deberá ser más hondo.

▲ *Los hoyos para plantar arbustos deberán ser lo suficientemente anchos y profundos como para albergar cómodamente el cepellón de raíces.*

Es aconsejable que la planta quede rodeada por un montículo ya que, de este modo, la tierra se mantendrá húmeda por más tiempo.

El riego de los arbustos

A la hora de regar las plantas arbustivas, es necesario tener en cuenta los mismos principios que para las demás: tanto la falta como el exceso de agua puede ser perjudicial.

Con respecto a plantas de jardín, hay que tener en cuenta que un riego excesivo promueve y facilita, además, el surgimiento de malas hierbas.

La frecuencia de los riegos está relacionada diferentes factores:

• LA ESPECIE. Hay arbustos que provienen de zonas húmedas y tropicales y, por lo tanto, necesitan más agua que los de aquellos originarios de climas más secos.

• CLIMA. En las zonas más húmedas, lógicamente hay que regar bastante menos que en las que tienen propensión a la sequía.

• ESTACIÓN. Según la época del año, las plantas tienen diferentes necesidades hídricas. En invierno, los riegos son muy espaciados en cambio en verano, sobre todo si hace mucho calor, deben ser frecuentes y abundantes.

• TAMAÑO DEL ARBUSTO. La altura del arbusto es también importante para determinar la cantidad de agua que necesite un arbusto.

• LOCALIZACIÓN. Si el arbusto está la mayor parte del tiempo al sol, necesita más agua que si está a la sombra.

También necesitarán más agua aquellas plantas que estén muy expuestas al viento.

Todos estos factores hacen que sea imposible determinar cada cuánto regar o qué cantidad de agua echar en cada especie.

Lo más aconsejable es probar y ver cómo reaccionan los ejemplares, teniendo en cuenta que, con el agua, es preferible quedarse corto a pasarse.

Poda de fortalecimiento

Durante los meses invernales, se puede efectuar sobre los arbustos una poda de fortalecimiento. Se aplica a aquellas plantas que, por su constitución, deben crecer desde la base, sobre todo de aquellas que tienen una abundante ramificación a nivel bajo pero que no alcanzan una gran altura.

Como ejemplo de este tipo de especies se pueden citar *Budleia davidii* (budleya) y *Syringa vulgaris* (lilo).

▶ *La poda tiene como fin fortalecer el arbusto, pero también puede ser empleada con fines ornamentales, dando a la copa la forma deseada.*

▲ *El lilo es un arbusto que puede fortalecer sus tallos si se le practica la poda en sus primeros años de vida.*

Podándolas durante los primeros años se conseguirá fortalecer los tallos principales.

Antes de que termine el invierno, será necesario seleccionar los tres o cuatro tallos más sanos y podar los restantes. A menos que se quieran ejemplares poco tupidos, no es aconsejable que tras el corte las ramas queden con más de 50 centímetros.

El corte de la poda deberá ser limpio y oblicuo; siempre por encima de las yemas para que éstas puedan desarrollarse. Si se quiere que el tallo principal tenga más fuerza, será necesario podar los nuevos vástagos que crezcan en la base de la planta.

Tomando como referencia las podas anteriores se podrán hacer los cortes precisos rápidamente.

Se puede aprovechar para producir ligeros cambios en el aspecto general del arbusto.

Poda de setos y arbustos de copa

Si bien la poda tiene como objeto principal el fortalecimiento de la planta y el ahorro de savia, también sirve para dar forma a los setos y arbustos.

A la hora de podar en este sentido, es necesario utilizar ciertas guías para realizar los cortes de manera de conseguir la forma deseada. Estas guías, normalmente, se hacen con cuerdas y alambres.

Con las primeras se marcan las alturas y las partes en las que deban hacerse cortes rectos; a los segundos, se les da la forma deseada y luego se colocan sobre la copa o se usan como referencia.

También se pueden hacer estructuras a modo de armazones que se incorporan a la copa. En este caso, sólo hay que podar las ramas que sobresalen del armazón una vez que éste ha quedado completamente cubierto.

Las cuerdas y alambres también pueden servir de guías para las ramas, no sólo para la poda. En ellos se pueden sujetar tallos que sea necesario reorientar para lograr la forma deseada en la copa del arbusto o del seto.

Protección contra las inclemencias del tiempo

Durante el invierno, la fuerza del viento y el peso de la nieve a menudo tronchan los nuevos ejemplares que se han

▲ *El entutorado evita que las ramas sean torcidas o desgajadas del tronco por la acción de agentes atmosféricos adversos.*

plantado o los últimos brotes que han salido en plantas ya adultas. Incluso si las nevadas son copiosas o los vientos particularmente fuertes, pueden tronchar hasta los troncos gruesos.

Las ramas que se han arqueado bajo grandes trozos de nieve, difícilmente van a recuperar su porte erguido; por esto es importante proteger los ejemplares a fin de que cuando llegue la primavera y el verano puedan lucir en todo su esplendor.

La instalación de tutores a los que vayan atadas las plantas evitará, en gran medida, el que éstas se tuerzan o desgajen. Las especies que más necesitarán de un tutor serán, obviamente, aquéllas que tengan troncos altos y estrechos, más propensos a ser doblados.

Cuando se ate la rama al tutor, es importante no oprimir demasiado el lazo ya que no se trata de mantener rígida la planta junto a la guía sino de evitar que ésta se balancee con el viento o se doble bajo el peso de la nieve.

Prevención de las plagas

Uno de los momentos en los que conviene plantearse la prevención de las plagas es durante la primavera. Es cuando las plantas aún no han llegado a su máximo apogeo y los brotes sólo han comenzado a desarrollarse.

Pasos para prevenir eficazmente las plagas

Hay cuidados y pasos que se deben dar en primavera para reducir la posibilidad de que en verano los parásitos invadan las plantas. Regularmente, es necesario vigilar los nuevos brotes y capullos de todas las plantas del jardín para buscar señales de invasión.

Se deben vigilar a menudo las hojas y axilas de los ejemplares más frecuentemente afecta-

▲ *Para prevenir las plagas hay que vigilar atentamente las hojas, los capullos y las axilas de todas las plantas del jardín.*

dos, como *Rosa sp.* (rosal), *Viburnum sp.* (viburno) por los pulgones, *Fuchsia sp.* (pendientes de la reina) por la mosca blanca y *Nerium oleander* (adelfa) por las cochinillas.

Si los organismos invasores alcanzan una de las plantas y no se les combate desde el comienzo del ataque, en pocas semanas se trasladan al resto de las plantas pudiendo perjudicar, incluso, a ejemplares de interior que se encuentren en la vivienda; de ahí que sea tan importante que si se encuentra una planta afectada se revisen exhaustivamente todas las que le rodean, a fin de constatar que no han sido también atacadas.

CÓMO INJERTAR UN ROSAL

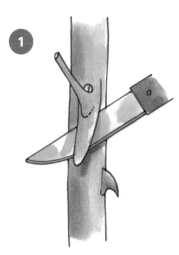

1 Con una herramienta afilada, realizar en la rama o tronco receptor una incisión en forma de «T».

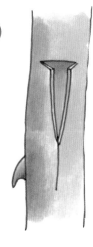

2 Debe procurarse quitar la corteza externa sin dañar la parte interna de la rama o tronco.

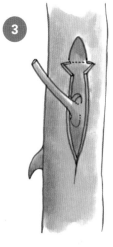

3 Con mucho cuidado, encajar la yema en la zona que ha quedado sin corteza.

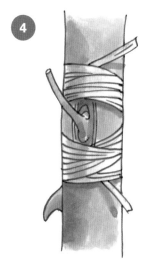

4 Sujetar el injerto con rafia o cuerda pero sin oprimir excesivamente.

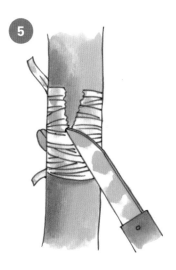

5 Cuando se compruebe que la yema ha arraigado, cortar las cuerdas o la rafia.

6 Del injerto completamente incorporado al rosal, nacerán nuevas hojas y ramas.

En cuanto se localicen los insectos, lo primero que conviene hacer es pulverizar con fuerza agua jabonosa por toda la planta. Esta operación deberá ser realizada dos veces al día.

Si la zona afectada por los insectos no es demasiado amplia, un buen remedio puede consistir en pasar un algodón empapado en alcohol por los tallos y las hojas, retirando al pasarlo los insectos que pudieran estar adheridos. Muchos de ellos se encuentran en el envés de las hojas o junto a las nervaduras de éstas.

Si la infección es considerable, se puede recurrir a insecticidas naturales, fáciles de preparar, como el caldo de ortigas o el de tabaco.

Ambos se hacen hirviendo respectivamente hojas de ortiga o tabaco picado que, una vez enfriado, se utiliza en los pulverizadores impregnando con el caldo toda la planta dos o tres veces al día hasta que la plaga haya sido controlada. Como último recurso se pueden utilizar insecticidas químicos, más potentes.

▶ *Entre los arbustos que florecen en verano, hay especies que si el clima es templado, pueden mantener sus flores hasta bien entrado el otoño.*

Arbustos que más lucen en otoño

En otoño, después de la floración, muchos arbustos se llenan de pequeños frutos de vivos colores que combinan a la perfección con las hojas pardas y rojizas que ya empiezan a caer.

Algunos son de frutos llamativos, como es el caso de *Ilex aquafolium* (acebo), *Arctostafilos uva-ursi* (gayuba) o *Cotoneaster sp.* (cotoneaster).

A estas especies, es importante añadirles mantillo antes de que los frutos se hayan formado completamente a fin de que la producción sea mayor.

Es importante recordar que la mayoría de estos frutos son tóxicos, razón por la cual deberá tenerse cuidado con los niños pequeños. Es imprescindible quitar toda la hojarasca que se acumule sobre las especies de porte

◄ *Durante el otoño, algunos arbustos presentan hermosas tonalidades: las hojas verdes mezcladas con otras de tonos amarillos, ocres o rojizos, dan un excelente aspecto al jardín.*

rastrero ya que, por esta razón, son las que resultan más perjudicadas en otoño.

Se deberán recoger las hojas que se desprendan de las especies caducas; tanto las que queden enmarañadas entre sus propias ramas como las que se posen sobre otras especies.

Las que mejor lucirán durante el otoño son *Rhus typhina* (zumaque) y *Acer Palmatum* (arce japonés), ya que adquieren tonalidades de un intenso rojo-anaranjado.

En el caso de las especies que producen flores, con la llegada del otoño habrá que eliminar los tallos secos, como los que deja *Budleia davidii* (budleya), *Lavandula sp.* (espliego y lavanda) o *Rosa sp.* (rosa), ya que dan un aspecto desprolijo a la mata y al jardín.

Las plantas que comienzan a florecer, o aquellas que se espera que lo hagan entre otoño y primavera, como la *Camelia japonica* (camelia), *Rhododendron simsii* (azalea) y *Jasminum nudiflorum* (jazmín de invierno), necesitan que se les prepare adecuadamente el terreno para conseguir una floración lo más duradera y abundante.

También hay especies con floración estival que, en caso de que el tiempo sea bueno y los calores se prolonguen, pueden seguir floreciendo hasta casi finales del otoño.

Tal es el caso de especies como *Rosa sp.* (rosal) e *Hibiscus rosa-sinensis* (hibisco).

El aporte de abono, en todos estos casos, resulta imprescindible para que la planta se mantenga en buen estado así como para que la floración sea abundante.

◄ *Cotoneaster sp. (cotoneaster) es un arbusto que posee una floración muy exhuberante en el otoño.*

PLANTAS PERENNES

▲ *Las plantas de hoja perenne dan color al jardín en las épocas más frías.*

las plantas empiecen a emitir sus brotes. Los cuidados, al respecto, son los mismos que se dedican a los arbustos: cercar la planta para que el material de abonado no se pierda con las sucesivas lluvias o riegos y formar un montículo alrededor del tronco.

El abono que se puede utilizar es el orgánico, como estiércol, mantillo, turba, etc., que se aplica a razón de un kilo por metro cuadrado, durante el invierno, o el abono mineral u orgánico, también llamado fertilizante químico, que se aplica en primavera u otoño.

A las plantas perennes les van muy bien los posos de café y las cenizas de la chimenea, materiales que se les puede agregar al pie de la mata a medida que se generen en la casa.

LAS PLANTAS PERENNES están casi siempre presentes en cualquier jardín, más que nada por sus flores. Como sus raíces son poco profundas, necesitan bastante más agua que éstos que cuentan con una raíz larga que puede penetrar profundamente en la tierra.

Reposición de nutrientes

El momento de abonar se establece a final del invierno, justo antes de que

Obtención de esquejes

Hay varias especies perennes cuyos esquejes se pueden obtener en verano y que son de rápida propagación: son las especies de tallos verdes, como el *Pelargonio sp.* (geranio), que con sus innumerables variedades adornan nuestros jardines, balcones y terrazas.

Todos los años aparecen nuevos tallos jóvenes y la planta madre cobra cada vez mayor tamaño.

◀ *Un buen abonado garantiza una floración abundante y prolongada; para añadir nutrientes se pueden depositar a pie de mata los posos de café o las cenizas de la chimenea.*

Como los brotes crecen rápidamente, hacia el verano están listos para ser cortados y trasplantados con éxito.

Los esquejes deben tomarse de entre las ramas más bajas de la mata, teniendo cuidado al escogerlos de no dejar la planta estéticamente desequilibrada. Es mejor elegir aquellos que no estén floridos.

Si se cortan los tallos más apelmazados, de las zonas más densas de la planta, se permitirá una mejor y mayor ventilación para las ramas que queden.

Los esquejes deben ser introducidos en un recipiente con agua hasta que echen las raíces y de ahí, trasplantarlos a su lugar definitivo. Estas operaciones conviene hacerlas en un día más bien fresco y después de la caída del sol.

Trasplante de esquejes

Las especies leñosas y de hoja caduca se trasplantan en invierno, pero el resto de las plantas perennes pueden ser incorporadas al jardín en primavera sin mayores problemas. De todos modos es imprescindible mirar antes las características propias de la especie que se quiera trasplantar o de la que se quiera utilizar un esqueje.

Las coníferas que han empezado a brotar, por ejemplo, no deben trasplantarse en pri-

▲ *Las coníferas lucen el color verde durante todo el año.*

mavera, como tampoco aquellos ejemplares que hayan comenzado a florecer.

Es importante contar que cuanto más caluroso y seco sea el ambiente, menos probabilidades de éxito se tendrá en el trasplante. Éste supone para la planta un esfuerzo que no es compatible con la aclimatación a grandes calores o sequía. Para hacer los trasplantes se aconseja esperar a que el día esté nublado y, de ser posible, con baja temperatura.

El ejemplar se deberá conservar en su maceta mientras se prepara aquella a la cual se lo destinará. También es recomendable que antes de efectuar el trasplante el ejemplar pase algunos días, en la vieja maceta, en el lugar del jardín donde será emplazado.

Familiarizarse previamente con su entorno le ayudará a superar el estrés que supone el cambio de maceta.

En el momento en el que la planta haya sido puesta en el lugar que ocupará definitivamente, será necesario cubrir el suelo con una capa ligera de mantillo y regarlo para que se asiente.

Entutorado

Para evitar que el viento y la nieve tronchen las plantas jóvenes o las ramas más recientes, lo habitual es recurrir a los tutores.

En el caso de los ejemplares cubiertos por numerosas ramas, como ocurre en la mayoría de las coníferas, es recomendable recoger las ramas hacia el tronco central por medio de una malla de plástico o de una cuerda para que no se acumule la nieve en ellas.

CÓMO PROTEGER LOS ARBUSTOS DE LAS INCLEMENCIAS DEL TIEMPO

El viento y la lluvia pueden producir daños en las copas de los árboles. Una forma de minimizarlos es atarlos de modo que su interior esté protegido.

Dos árboles jóvenes y de tronco delgado pueden ofrecer mayor resistencia al viento si operan juntos. Para ello, bastará con atar los dos troncos entre sí.

Si no se quiere tomar esta medida, al menos deberá tenerse la constancia de sacudir las ramas para hacer caer la nieve en caso de que ésta las cubra.

El trabajo deberá hacerse, sobre todo, en los ejemplares jóvenes, con ramas más delicadas y frágiles, que son siempre las más propensas a su deterioro.

▲ Existen insecticidas naturales, fáciles de fabricar, para evitar la presencia de parásitos.

El riego

El inconveniente que presentan las plantas perennes en verano es su mayor demanda de agua, porque tienen raíces poco profundas y no pueden, como los arbustos, obtener el agua a más profundidad.

Las plantas perennes, en gran medida, se cultivan por sus flores, de modo que hay que asegurarse, por medio de los cuidados que se les prodiguen, que la floración será lo más abundante y prolongada posible.

La principal necesidad de una planta siempre es el agua pero no hay una fórmula que indique cuánto y con qué frecuencia se debe regar.

La estimación se deberá hacer teniendo en cuenta varios factores: clima, especie, situación en el jardín, el tipo de suelo en el que esté plantada, y la época del año son, entre otros, los más importantes.

Es preferible regar en las primeras horas de la mañana o tras la caída del sol. También son aconsejables los riegos en profundidad a los riegos superficiales ya que con éstos, las raíces se desarrollan menos y la planta se hace muy dependiente de los riegos.

Es mejor hacer un riego abundante y esperar medio mes a hacer el siguiente, que regar un poco cada día.

Una de las plantas perennes más comunes y que necesitan de riego muy abundante es el *Pelargonium sp.* (geranio).

▲ En verano es preferible regar a primeras horas de la mañana o bien tras la puesta del sol. También se aconseja el riego en profundidad.

▲ Hay plagas, como el pulgón, que se expanden con extraordinaria facilidad. Si no son detectadas a tiempo, pueden infectar todas las especies del jardín.

Control de plagas

En las perennes, uno de los parásitos más habituales es el pulgón; lamentablemente se reproduce y expande con muchísima facilidad.

Es un insecto chupador que se alimenta de savia. Se detecta ya que se agolpa formando manchas negras en las yemas, capullos y tallos jóvenes.

Otro de los insectos a los que hay que tener controlados en el jardín es la cochinilla; se observa su presencia porque forma manchas algodonosas, blancas, en las zonas atacadas.

▶ Hay insecticidas naturales que se pueden preparar en casa. Si éstos no resultaran efectivos, siempre se pueden utilizar los industriales.

La diminuta mosca blanca se puede detectar si al sacudir alguna rama se forma una nube de pequeños insectos.

La mejor forma de combatir estas plagas es utilizar insecticidas de origen natural, algunos de los cuales se pueden fabricar fácilmente.

Insecticidas naturales hechos en casa

Entre los insecticidas fáciles de fabricar por uno mismo y que sirven para combatir pulgones, cochinillas, lecaninos o mosca blanca, se pueden citar:

• CALDO DE ORTIGA. Cocción en agua de unas cuantas hojas de ortiga. Se utiliza pulverizando con él las hojas afectadas, dos veces al día hasta que la plaga desaparezca.
• CALDO DE TABACO. Se hace hirviendo tabaco o la picadura que contienen los cigarrillos, en agua. Se deja hervir durante diez minutos, se deja enfriar y se cuela, llenando con ella un vaporizador. Utilizarlo de la misma manera que el caldo de ortigas.

Si con los insecticidas naturales no se puede acabar con estas plagas, se pueden podar las zonas afectadas.

Como último recurso, siempre se pueden comprar insecticidas preparados

Ortiga   Tabaco

industrialmente. Los hay naturales, que siempre son preferibles a químicos, más potentes que los naturales pero más tóxicos.

Con respecto a estos últimos, conviene evitar la compra de aquellos que son desconocidos o que no vienen con las debidas indicaciones y composición en sus envases.

Preparación para el invierno

Durante el otoño, las especies perennes pierden sus hojas y algunas se llenan de frutos, de manera que es un buen momento para hacer un aporte adicional de abono.

Es necesario limpiar la base de las matas quitando las hojas secas que se hayan cumulado en su entorno.

Cuando las temperaturas bajan mucho, cuando sobrevienen las heladas o las nevadas, la tierra se enfría y eso puede afectar al

▲ *Para evitar que las raíces de los árboles y arbustos se congelen, se puede poner a pie de mata un montículo de tierra gruesa y, sobre ésta, corteza de pino triturada u otro material aislante.*

sistema radicular; sobre todo en aquellas plantas cuyas raíces son superficiales.

En los lugares muy fríos, para evitar que éstas se congelen es recomendable colocar a pie de mata una capa de tierra gruesa y, encima de ésta, una capa de corteza de pino triturada o cualquier otro elemento que sirva como aislante y proteja las raíces.

A las plantas procedentes de lugares templados o cálidos, se les puede reunir las ramas en un penacho para que, de este modo, las yemas que son las más débiles frente al frío estén abrigadas.

Es conveniente vigilar que no se encharque con agua el pie de la mata; si por alguna razón el drenaje no funcionara o se acumulara agua alrededor del tronco, se puede hacer un muro con tierra para evitar que eso ocurra.

Las plantas más jóvenes recibirán cuidados especiales para que los cambios bruscos de temperatura no les afecten demasiado. Para ello, los muros que eviten los vientos o los cobertores de plástico pueden ser una solución.

▲ *La limpieza de hojas secas acumuladas es necesaria para evitar ser cobijo de un buen número de parásitos perjudiciales para la planta.*

FLORACIÓN EN ARBUSTOS Y PLANTAS PERENNES

◀ *La mayoría de los arbustos y plantas perennes abren sus capullos en verano. Para que la floración sea abundante es necesario suministrarles el abono necesario.*

CIERTOS ARBUSTOS y plantas perennes son especialmente apreciados por sus flores. La mayoría abren sus capullos en verano y, si han tenido los cuidados necesarios, su floración será duradera y abundante.

La atención de las especies con flores que se hayan plantado en el jardín, debe ser constante. Además de las labores que se recomiendan para cada etapa, es imprescindible verificar que las plantas tengan lo que necesitan.

Por ejemplo, es habitual poner mantillo u otro fertilizante a principios del invierno; sin embargo, muchas veces no es suficiente con haberlo hecho una vez al año porque si la estación ha sido muy lluviosa, gran parte de los nutrientes pueden haberse perdido.

En estos casos lo recomendable es volver a poner una capa de mantillo o fertilizantes para garantizar que a la planta no le faltarán nutrientes y pueda, así, tener una buena floración.

Cuando el problema es el inverso, es decir, cuando las lluvias son muy poco frecuentes y la tierra muestra su superficie reseca, o cuando las temperaturas son muy altas, es necesario establecer riegos periódicos y abundantes de modo que el suelo siempre se mantenga húmedo.

Las especies de raíces superficiales y follaje delicado, como *Hydrangea sp.* (hortensia), *Pelargonio sp.* (geranio) y *Fuchsia sp.* (pendientes de la reina) son, entre las especies más comunes, las que más sufren la falta de agua.

▲ *Si el invierno ha sido muy lluvioso, conviene abonar los arbustos y perennes más de una vez. El agua caída, probablemente habrá arrastrado consigo sus nutrientes.*

Cuidados para facilitar la floración

Como se ha explicado en el caso de las plantas de temporada, las ramas, hojas y flores que, por una razón u otra, comienzan a marchitarse, deben ser retiradas por dos motivos: Por un lado, consumen nutrientes que no les servirán para revivir, quitándoselos a otras partes que sí los necesitan. Por otro, son manchas amarillas o marrones que estropean la armonía y la estética del jardín.

Una de las partes más tiernas de las plantas son los capullos, por lo cual constituyen el alimento preferido de muchos parásitos; por esta razón deberán ser vigilados a fin de que se mantengan en buenas condiciones hasta el momento de abrirse y mostrar la flor.

Cuando las diferentes plagas atacan a los tallos, éstos se debilitan porque la circulación de la savia resulta entorpecida; por esta razón no pueden florecer y es recomendable podarlos cuanto antes.

Los rosales

Dentro de las plantas de jardín, sin duda los rosales merecen un capítulo propio, una atención especial, ya que es una de las especies ornamentales más utilizadas en todo el mundo.

La razón de su popularidad se basa en que, por una parte, las diferentes especies que componen este grupo son capaces de florecer en cualquier época del año y, por otra, en la increíble variedad de colores, texturas, tamaños y aromas que ofrecen los rosales.

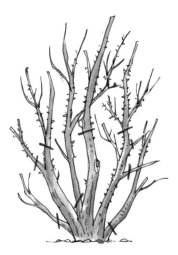

La poda es facilita el desarrollo de nuevos brotes y que, además, ahorra a la planta el transporte de nutrientes a partes que están marchitándose.

Es necesario quitar las hojas amarillas o marrones de la planta y dejar los tallos que más yemas tengan.

Una vez que la planta o el arbusto haya florecido, será necesario tomar las debidas precauciones para que no caiga presa de las plagas.

Esta planta tiene tres particularidades:

• Sus esquejes de tallo arraigan con extrema facilidad, de modo que su multiplicación es sencilla y permite la propagación de los ejemplares manteniendo siempre las características de las plantas de origen.

• Los rosales pueden ser injertados, de modo que se pueden combinar las características de dos o más plantas y mejorar cada vez más la calidad de los ejemplares. Para cualquier aficionado a la jardinería, esta es una tarea apasionante.

• Con los rosales se puede recurrir a la polinización controlada a fin de crear nuevos ejemplares que den flores cada vez más hermosas.

▲ *Los capullos, una de las partes más tiernas de las plantas, constituyen un plato favorito para muchas aves; por esta razón deberán ser vigilados.*

Si bien la polinización controlada y los injertos presentan algunas dificultades para quien no esté muy familiarizado con la jardinería, la reproducción de los rosales por esqueje es muy sencilla y está al alcance de cualquiera. Éstos deben obtenerse durante la poda invernal.

Poda de rosales

No todos los rosales son iguales, los hay de tipo arbustivo, trepador y de copa y cada uno de ellos necesitará una forma de poda diferente. El momento más indicado para llevarla a cabo es a partir de mediados del invierno, hacia finales; siempre antes de que empiece a hacer buen tiempo y comiencen a salir los brotes.

Para realizar esta operación, es necesario utilizar unas tijeras de podar de mango corto.

Se intentará que los cortes no sean del todo horizontales; siempre deben mostrar al menos

EL INJERTO EN ROSALES

Realizar injertos en los rosales es una tarea relativamente fácil y que puede dar excelentes resultados.

• Lo primero que debe hacerse es extraer una yema del patrón; es decir, del rosal que se injertará en el ejemplar receptor.

• Una vez obtenida la yema, deberá hacerse un corte en forma de «T» en el rosal receptor y encajar en el hueco la yema.

• A continuación deberá sujetarse la yema por medio de bandas de rafia o cuerda, para que a la vez que la mantienen en su sitio protejan la incisión que se ha hecho en el rosal. El vendaje no deberá estar demasiado apretado, sólo lo suficiente para sujetar el injerto.

• Al cabo de un tiempo, se podrá comprobar si el injerto ha arraigado.

▲ *Los rosales trepadores adornan las columnas de muchos jardines.*

una ligera tendencia oblicua. Entre el corte y la yema o brote es necesario dejar un mínimo de espacio, que ocupará la parte más alta de la rama.

Los rosales arbustivos o con porte de mata están formados por tallos que tienen, más o menos, el mismo grosor y que se agrupan en densas masas de flores.

En estos ejemplares la poda debe estar orientada a eliminar los tallos viejos y resecos, haciendo el corte justo por encima de un tallo o brote nuevo. También conviene, en ellos, suprimir las ramas cruzadas y las que nacen casi a ras del suelo.

En los rosales trepadores o sarmentosos, la poda debe realizarse manteniendo la longitud de los tallos más largos que sirven como guía, cortando todos aquellos que se muestren resecos o estropeados para que no le quiten vigor a la planta. Habrá que eliminar en ellos los que hayan surgido a ras de suelo, ya que es muy difícil que éstos florezcan.

Los que no tengan la dirección adecuada, también podrán ser cortados y, en todo caso, utilizados como esquejes plantándolos en los lugares más convenientes. Los rosales de copa y llorones se caracterizan por tener un tronco principal que se deberá dejar libre de brotes. Terminan en un penacho de ramas y es en ellas donde hay que realizar todo el trabajo de la poda.

Es necesario retirar las ramas que enmarañan el conjunto o que están resecas, marchitas o deterioradas; con ello se ahorrará gran parte de la energía del ejemplar, energía que podrá luego destinar a la floración. También es necesario quitar las puntas que sobresalgan demasiado alterando la forma de la mata. Éstas podrán ser utilizadas como esquejes.

Tratamiento de los esquejes de rosal

Lo más importante para tener buenos resultados a la hora de reproducir un rosal por esquejes es escoger tallos que tengan las siguientes características:

▲ *Obtener esquejes de los rosales no es una tarea complicada. Se deben elegir para ello ramas jóvenes y sanas, que tengan varias yemas.*

• Tienen que ser tallos jóvenes.
• Tener entre 20 y 30 centímetros de longitud.
• Tener varias yemas dispuestas de forma alterna.

Para que los esquejes arraiguen con mayor facilidad, lo importante es mantenerlos unos cuantos días en un recipiente con agua. Se introducirán los esquejes de manera que el corte esté en contacto con el líquido. De esta manera, comenzarán a brotar las raíces.

Pasados esos días, debe prepararse una maceta colocando en el fondo algunas piedras para facilitar el drenaje, un poco de arena y grava y luego el compost. A continuación, se riega para que la tierra permanezca húmeda y se planta en ella el esqueje que se ha mantenido en agua.

Es necesario comprobar que en ningún momento la tierra de la maceta llegue a secarse, ya que ello impediría el adecuado desarrollo de la planta. Es conveniente aprovechar el momento de preparar los esquejes de tallo para trasplantar otros ejemplares a su lugar definitivo o a tiestos de mayor tamaño.

En los rosales, a menudo se da un gran crecimiento de las raíces de manera que, a la hora de pasarlos a un nuevo tiesto, conviene recortarlas un poco para que no quiten demasiada energía y nutrientes a la planta. Esta operación se debe hacer con mayor frecuencia en los rosales de tipo arbustivo, porque en ocasiones sus raíces tienen un desarrollo que llega a ser mayor, incluso, que la mata.

Las raíces deben guardar siempre un equilibrio con las ramas, y no debe dudarse a la hora de podar cualquier exceso, ya se trate de la copa o de las raíces.

▲ *Si a la hora de trasplantar un rosal se observa que sus raíces han tenido un desarrollo desmesurado, se las puede recortar para que no consuman los nutrientes.*

Trepadoras

Especies trepadoras

ESPECIES TREPADORAS

▲ *Las trepadoras constituyen un grupo de plantas en el cual se encuentra una enorme variedad de formas, tamaños y colores.*

LAS PLANTAS TREPADORAS o enredaderas constituyen, tal vez, el grupo que ofrece más versatilidad en cuanto a ornamentación se refiere.

No sólo por el vasto abanico de formas, colores, texturas y cualidades que muestran las especies que lo componen, sino por las muchas formas de empleo que sugiere una trepadora, tanto en un jardín como en interiores. Según las especies, son aptas para diferentes propósitos:

• CUBRIR SUPERFICIES. Algunas especies se adhieren fácilmente a las paredes, como *Hedera helix* (hiedra), *Parthenosisus tricuspidata* (hiedra holandesa) o *Ficus repens* (higuera trepadora).

• TAPIZAR EL SUELO. Ciertas especies de trepadoras son particularmente indicadas para cubrir el suelo como *Bougainvillea sp.* (buganvilla) o *Lonicera sp.* (madreselva).

• VESTIR EMPARRADOS, ARCOS Y PÉRGOLAS. Los esqueletos de madera o metal de estas estructuras, serán cubiertos rápidamente por algunas especies trepadoras de crecimiento rápido, como *Parthenosisus tricuspidata* (hiedra holandesa) o *Polygonum baldschuanicum* (correquetepillo), que puede llegar a crecer hasta cinco metros en un año.

En los emparrados y pérgolas, pueden emplearse especies que perfumen el ambiente con su aroma, como *Jazminum sp.* (jazmín).

• HACER SETOS. La cualidad de estas plantas para adherirse y enredarse en cualquier estructura que se le ponga, las hace muy útiles a la hora de armar setos o muros divisorios.

Hay trepadoras que tienen hojas muy vistosas; otras cuyo mayor atractivo está en el colorido de sus flores o en su aroma. Está en cada uno el hacer una buena selección de los ejemplares para que el jardín luzca siempre.

Velocidad de crecimiento

Entre las trepadoras, la velocidad de crecimiento varía: algunas se desarrollan con increíble rapidez en tanto que otras lo hacen a una velocidad más moderada.

▲ *Algunas enredaderas se desarrollan al amparo de otras especies vegetales.*

Obtención de los esquejes

Durante el invierno se pueden obtener los esquejes de tallo de las trepadoras y multiplicar su número. Hay unas cuantas especies cuya reproducción es muy sencilla porque tienen una gran capacidad de regeneración; bastará con poner su tallo en agua para que se desarrollen sin problemas. Especies como *Hedera helix* (hiedra) o *Parthenocissus sp.* (hiedra holandesa) tienen en sus tallos raíces aéreas, capaces de nutrir a la planta y que no necesitan estar bajo tierra para desarrollarse; eso las convierte en las más codiciadas a la hora de conseguir esquejes que tengan probabilidades de prosperar.

El corte del esqueje debe realizarse justo por debajo de alguno de los nudos del tallo que contiene estas raíces aéreas.

VELOCIDAD DE CRECIMIENTO			
NOMBRE LATINO	NOMBRE	CRECIMIENTO	CUALIDAD
HEDERA HELIX	Hiedra	Medio	Frondosidad
IPOMOEA SP.	Ipomea	Rápido	Flores
JASMINUM OFFICINALIS	Jazmín de verano	Medio-rápido	Aroma
LONICERA SP.	Madreselva	Rápido	Frondosidad y aroma
PARTHENOCISSUS SP.	Hiedra holandesa	Medio	Tonalidad estacional
PASSIFLORA CAERULEA	Pasionaria	Rápido	Flor y fruto
VITIS VINIFERA	Parra	Lento	Fruto

Existen especies, principalmente algunas de tallos leñosos, que poseen la capacidad de arraigar es sorprendente y que, además, permiten obtener varios esquejes de una sola rama, si es que en ella tienen más de una yema.

Plantación

Si las plantas trepadoras se van a plantar en un lugar que no haya sido cultivado previamente, es recomendable preparar el suelo a fin de que éstas arraiguen y se desarrollen con la mayor normalidad.

Lo primero que habrá que hacer es retirar las piedras que pudiera haber y desmenuzar los terrones de modo que el suelo quede esponjoso. Al respecto, convendrá arar un poco la tierra, removerla y, si fuera necesario, cribarla para que quede lo más suelta posible.

▲ Como estas hermosas plantas se adhieren a verjas, paredes, son indicadas para formar setos o para formar conjuntos con los elementos arquitectónicos del jardín.

▲ Según avanza el otoño, algunas variedades de enredaderas tiñen sus hojas de rojo.

Una vez que el suelo esté así preparado, con ayuda de un plantador se harán hoyos de no más de 15 centímetros de profundidad.

En el interior de cada uno se colocará uno de los esquejes de la planta trepadora elegida, de manera que las puntas de las yemas queden hacia arriba y la parte basal en contacto con la tierra.

Una vez que se ha puesto el esqueje en la tierra, se deberá cubrirlo con tierra apretando la que está alrededor del tallo con los dedos, de modo que forme una depresión.

En ese hueco, añadir una pequeña cantidad de mantillo y, a continuación, regar abundantemente.

Es importante que el suelo siempre esté húmedo, que no falte agua en ningún momento, al menos hasta que la planta haya arraigado en el lugar donde se la ha emplazado.

Acodo simple

Las trepadoras son las plantas que más se adecuan a los acodos simples.

Estos acodos se pueden hacer con ejemplares que estén plantados en suelo o en maceta.

Tienen la ventaja de que no es necesario poner al descubierto las raíces de la planta madre y que ésta no queda despoblada como ocurre con la obtención de los esquejes.

Para hacer un acodo conviene dejar crecer lo suficiente el número de ramas que se deseen

CÓMO PLANTAR UN ACODO SIMPLE

1

En primer lugar, se deberá cavar un hoyo lo suficientemente hondo como para que en él quepa el tiesto donde se hará el acodo. Una vez enterrado, se hará el acodo y se lo sujetará con un trozo de alambre en forma de «U», cubriéndolo a continuación con tierra.

2

Cuando el acodo haya echado sus propias raíces y tenga su propio sistema de alimentación, se lo podrá separar de la planta madre. Para ello, se hará un corte con unas tijeras de podar. Tras unas semanas, se podrá trasplantar la nueva planta al suelo del jardín.

utilizar; es decir, el número de plantas que se quieren obtener.

Cuando se pode el ejemplar, éstas deberán quedar enteras con una longitud de, al menos, 50 centímetros y que no se encuentren muy enredados en los tallos o a los elementos de sujeción de su entorno sino que, por el contrario, se encuentren libres y sueltos.

Por cada acodo que se quiera hacer deberá contarse, previamente, con un tiesto, compost para llenarlo y acero resistente cortado en trozos de unos cinco centímetros de largo.

Cuando se tenga preparado todo el material, se procede de la siguiente manera:

• Colocar las macetas necesarias tan cerca de la planta madre como sea necesario; rellenarlas con el compost y excavar en ellas un pequeño hueco en el centro.

• Doblar los alambres en forma de «U».

• Poner el tallo seleccionado para practicar el acodo.

• Clavar el alambre en la tierra sujetando, a modo de grapa, el tallo que se ha puesto sobre el agujero.

• Cubrir el alambre y el tallo con compost, sin miedo a que se vuelva a desenterrar.

• Hay que mantener el compost constantemente húmedo, regándolo con la frecuencia necesaria.

Al cabo de unas semanas, en esa zona del tallo habrán aparecido raíces, de modo que se podrá separar el trozo acodado de la planta madre porque ya se puede alimentar por sí mismo. El ejemplar se podrá trasplantar entonces a su emplazamiento definitivo o bien dejarlo en la maceta.

Elección de trepadoras

A la hora de elegir las plantas trepadoras que se vayan a instalar en el jardín, hay dos factores importantes que se deberán tener en cuenta: el clima del lugar y las características del suelo.

• CLIMA. Es necesario asegurarse de que las plantas con las que se desea hacer el seto resistan perfectamente las heladas.

▲ A la hora de elegir una trepadora, además del clima, hay que tener en cuenta el tipo de suelo, si se adapta mejor al alcalino o al ácido.

Hay especies que pueden sobrevivir próximas a una pared, al abrigo de la nieve o el rocío, pero que no sobrevivirían si estuvieran totalmente expuestas.

Algunas trepadoras prefieren el sol, mientras que a otras les gustan los lugares más umbríos; por lo tanto, será importante estudiar las características lumínicas del lugar antes de adquirir los ejemplares.

El viento puede constituir un problema para las trepadoras, sobre todo si es muy frío. En las zonas próximas al mar, el inconveniente es que soplen vientos salinos que, para muchas especies, resultan muy perjudiciales, ya que son abrasadas.

La trepadora más adecuada para ser plantada en primera línea de playa es *Lonicera japonica* (madreselva) porque resiste perfectamente los vientos salinos.

• SUELO. Hay especies que prefieren el suelo ácido, otras que se adaptan bien al alcalino (calizo) y muchas que pueden desarrollarse sobre suelo neutro sin mayores problemas.

El mayor problema lo presentan los suelos alcalinos, pues en ellos suele haber una carencia de hierro.

RESISTENCIA DE LAS TREPADORAS

No todos tienen la misma habilidad a la hora de cultivar plantas y es sabido que algunas son fáciles de atender y crecen sin mayores problemas en tanto que otras son muy delicadas y exigentes, de modo que un poco de agua de más o de menos puede significar su definitivo deterioro.

El siguiente cuadro muestra la resistencia y las necesidades de diferentes trepadoras en verano, una estación que puede ser crucial ya que el exceso de riego es, como se ha dicho, una de las causas más comunes de marchitamiento.

NOMBRE LATINO	NOMBRE	NECESIDADES	RESISTENCIA
BOUGAINVILLEA GLABRA	Buganvilla	Riego abundante y luz del sol	Escasa
HEDERA HELIX	Hiedra	Escasas	Muy alta
IPOMOEA SP.	Ipomea	Riego abundante y luz del sol	Escasa
LONICERA JAPONICA	Madreselva	Escasas	Alta
PARTHENOCISSUS SP.	Hiedra holandesa	Humedad y fresco	Relativa
PASSIFLORA CAERULEA	Pasionaria	Riego moderado	Escasa

▲ *Entre las especies trepadoras de crecimiento rápido hay algunas capaces de cubrir con sus flores y en un espacio corto de tiempo una fachada.*

estructura con muy poca movilidad y muy sólidas.

Se pueden utilizar celosías de madera o hierro, que resultan casi tan buenas como las primeras, tutores rígidos de hierro unidos entre sí por alambre o, también, pivotes metálicos entre los que se puede desplegar un rollo de cañizo o de brezo.

Una vez que el armazón está levantado y dispuesto en el lugar que se quiere que ocupe el seto, se buscarán los ejemplares que se adecuen al clima y al tipo de suelo y se plantarán junto a la estructura. Si se cuenta con un clima benigno y se necesita que el seto crezca con mucha rapidez, la mejor planta que se puede emplear es *Lonicera japonica* (madreselva).

Si lo que se busca es tener una gran cantidad de flores llamativas, la que más se adecua es *Passiflora caerulea* (pasionaria). Si se desea mezclar diferentes colores a la vez, se pueden combinar ejemplares de *Hedera helix* (hiedra) con diferentes tonalidades de hoja;

Si así fuera, se puede aportar este nutriente para que la planta que allí se instale no tenga problemas de clorosis.

Instalación de setos

Las plantas trepadoras son el recurso más práctico a la hora de levantar setos en los que se desea un rápido crecimiento.

Antes de colocar los ejemplares que los formarán, es necesario crear la superficie de sujeción y apoyo que va a sostener las enredaderas y que, a la vez, van a servirles de guía.

La opción más firme, sin duda, la constituyen las vallas metálicas porque forman una

Hay trepadoras que, gracias a sus raíces aéreas, pueden adherirse a una pared; otras, en cambio, es preciso sujetarlas a guías hechas de alambre.

▲ *La poda acelera el crecimiento de las trepadoras y con ella se consigue que el follaje sea más frondoso y se extienda por toda la superficie que se desea cubrir.*

variedades de la misma especie con vetas blancas junto con otras de *Parthenocissus sp.* (hiedra holandesa).

En general, la distancia a la que se suelen plantar los ejemplares suele ser de un metro, aunque también se puede optar por plantar dos matas en cada punto y duplicar la distancia entre los puntos.

En el momento de colocar las matas se deberá tener en cuenta ambas caras de la valla. Lo mejor es alternar una mata por cada cara para que cubra mejor.

Distribución sobre vallas y paredes

Las maneras de cubrir las diferentes superficies del jardín, son múltiples; sin embargo, el método más fácil y cómodo es, sin duda, el hacerlo con plantas trepadoras. Su crecimiento es rápido, el grupo contiene especies duras, resisten-

tes a suelos pobres o climas fríos, que se adaptan a vivir con muy poco agua o que prefieren los lugares muy húmedos; sólo es cuestión de escoger las que mejor se adaptarán al lugar y, dentro de éstas, las que más se adecuen al gusto de quien las disfrute.

Las especies como *Hedera helix* (hiedra) o *Parthenocissus sp.* (hiedra holandesa), se adhieren a las paredes gracias a las raíces aéreas que tienen en los tallos y, gracias a éstas, se sostienen para seguir trepando.

Su forma de crecer es desordenada y tiende a expandirse desarrollándose en todas las direcciones posibles.

Por ello es importante tener muy controladas las ramas, cortando aquellas que tomen direcciones que no parezcan convenientes.

Siempre hay que recordar que la poda también acelera el crecimiento de la planta, de modo que quitando aquellas ramas que no interesen, se consigue que el ejemplar se haga más

▲ *La vid se cultiva en toda la cuenca del Mediterráneo, no sólo por sus frutos, sino también por la agradable sombra que proporciona durante el verano, cuando se planta en forma de parra.*

▲ *Hacia finales del verano, algunas trepadoras cambian su brillante follaje verde por otro de tonalidades rojizas dando al jardín un maravilloso aspecto otoñal.*

tupido y ocupe más rápido la superficie que se haya seleccionado.

En el caso de las especies que por sí mismas no son capaces de adherirse a las paredes, de trepar, es necesario poner elementos que faciliten su expansión, distribuyéndolos uniformemente por toda la fachada.

El sistema más práctico es el uso de argollas, escarpias y alambre con los cuales se fijará la dirección del crecimiento de los tallos.

Es recomendable separar los puntos de inserción uno o dos metros y crear una estructura de red, en forma de abanico de malla, para facilitar la expansión de los ejemplares y el cubrimiento más rápido y mejor de la superficie. Si éstos poseen raíces adventicias, mucho mejor porque podrán adherirse a la estructura y, en gran medida, se reorientarán solas.

Más sencillo resulta poner contra la pared celosías o paneles, pintados de colores o de madera barnizada. Tienen la ventaja de que si el día de mañana se quiere cambiar de planta, es más fácil de retirar. El enrejado o las celo-

sías también se fijan a la pared con escarpias que los mantengan pegados a la pared, pero en este caso, sólo habrá que taladrar en los lugares que coincidan con los bordes y las esquinas del panel. Como mucho, alguna escarpia con la que se fije el centro.

En última instancia, hay que tener en cuenta que será necesario fijar el panel con cuerdas ya que a medida que la planta crezca se hará cada vez más pesada e inestable; bastará un viento lo suficientemente fuerte como para que pueda arrancar de la pared cualquier celosía que no esté convenientemente sujeta.

Riego y control de plagas

Curiosamente las trepadoras que tienen una gran capacidad de crecimiento y son las más

En verano, las trepadoras necesitan más cuidados. Es importante proveerles el agua que necesitan y hacer un buen control de las plagas.

▲ *Las enredaderas suelen acoger a multitud de insectos, que en ocasiones pueden resultar muy perjudiciales para la planta.*

Una de las medidas que resultan beneficiosas y que debiera llevarse a cabo durante los meses de verano consiste en pulverizar agua sobre sus tallos y hojas, manteniendo además la humedad del ambiente a su alrededor.

La revisión periódica de hojas y tallos es importante ya que podría advertirse la presencia de la araña roja o de insectos como la mosca blanca, los lecaninos o la mosca verde, que se pueden combatir con diferentes insecticidas de origen natural.

idóneas para tapizar grandes espacios, ya sean horizontales o verticales, son las que tienen mayor capacidad de supervivencia.

Especies como *Hedera helix* (hiedra), *Lonicera sp.* (madreselva) o *Parthenocissus sp.* (hiedra holandesa), apenas necesitan operaciones de mantenimiento; como mucho una poda más o menos frecuente a fin de mantener su expansión dentro de los límites de crecimiento deseado.

Tan resistentes son que, en ocasiones, resulta casi imposible deshacerse de ellas, porque tienen una enorme capacidad de regeneración que se ve incrementada por su sistema de tallos subterráneos.

Pero no todas las trepadoras son tan fáciles de cuidar; las especies ornamentales, como *Bougainvillea glabra* (buganvilla), *Ipomoea sp.* (ipomea) o *Jasminum sp.* (jazmín), necesitan una atención permanente; si no se les provee el agua suficiente para poder soportar los calores del verano, si no se las protege frente a los organismos que se alimentan de ellas, las plantas podrían fácilmente perecer.

GUÍAS DE ALAMBRE PARA DIRIGIR LAS TREPADORAS

- Para que la trepadora se oriente en el sentido deseado, es necesario hacerle una estructura con argollas, escarpias y alambre que la contenga y le sirva de guía.

- Marcar en la pared los lugares donde se colocarán las argollas o escarpias que sujeten el alambre.

- Con un taladro, hacer un agujero en estos puntos y poner dentro un taco de plástico para mayor sujeción de las escarpias.

- Pasar el alambre por las escarpias o argollas trazando un camino. Deberá comenzarse a pie de mata e ir subiendo y extendiéndose.

- Una vez trazado el camino con los alambres, enrollar los tallos en ellos sujetándolos con cuerda para que no se muevan de su posición.

▲ *Los enrejados de madera para soportar las trepadoras tienen la ventaja de poder fijarse a la pared con unos puntos de anclaje mínimos.*

Mantenimiento de especies delicadas

El grupo de las trepadoras es muy amplio y abarca especies muy diferentes que tienen necesidades contrapuestas.

Por ejemplo, las que tienen un tupido follaje, que habitualmente son empleadas para cubrir rápidamente muros, setos, pérgolas, admiten podas vigorosas y es necesario mantenerlas dentro de los límites que uno desea que se desarrollan.

Por el contrario aquellas que tienen flores frágiles y aromáticas, son mucho más delicadas, tienen un crecimiento más limitado y no admiten podas tan duras.

El *Jasminum sp.* (jazmín), *Bouganvillea sp.* (buganvilla), *Wisteria sp.* (glicinia), *Campsis sp.* (campsis) o *Ipomoea sp.* (ipomea) son tre-

padoras que tienen flores. No todas tienen el mismo tamaño, algunas alcanzan mayor altura que otras, pero, por lo general, todas ellas se utilizan en espacios reducidos, en rincones especiales o en lugares muy bien elegidos.

Pueden emplearse para las jardineras de la entrada, decorar con ellas columnas o pérgolas, la esquina de una fachada, etc.

En estos casos, las labores de mantenimiento que se deberán llevar a cabo se limitan al riego regular, al abono del suelo para reponer los nutrientes y a la poda de las ramas y tallos que se hayan ido secando o que muestren un aspecto deslucido deteriorando el aspecto general de la planta.

La fertilización convendrá hacerla a principios de la primavera. Si los ejemplares están en una jardinera, se puede sustituir la tierra ya agotada por un compost nuevo. Si no es posible reemplazar la tierra, al menos deberá mezclarse el abono en las capas superficiales.

▲ *No es recomendable podar las trepadoras hasta no haber pasado dos o tres años o hasta haber alcanzado la altura adecuada.*

◀ Por la forma de sus flores, una de las trepadoras más hermosas y fascinantes es la Passiflora quadrangularis (pasionaria). Otras especies no son visualmente tan estéticas pero pueden envolver el jardín en un aroma inconfundible, como es el caso de los Jasminum sp. (jazmines).

Si se busca una floración abundante, la enredadera deberá colocarse en un lugar donde le dé el sol y, a la vez, esté protegida del viento y del frío.

El aporte de agua deberá ser regular ya que si el suelo se seca, lo más probable es que las flores se marchiten.

Podas de formación

Las especies trepadoras, sobre todo cuando se plantan para limitar espacios, para enmarcar ventanas o para que respeten una forma definida previamente, deben ser podadas ya que, a menudo, tienden a sobrepasar los límites que en un principio se habían fijado.

Durante los dos primeros años de vida de la planta, es mejor no podarla o hacerlo apenas, a fin de que alcance la altura deseada; a lo sumo se recomienda cortarle sólo aquellas ramas que se han marchitado o deslucido. Pero a partir del tercer año, se puede podar para darle una forma definida.

Lo más habitual es podarla en forma de abanico; dejarle un pie corto desde el cual parten brazos que se yerguen verticales.

ESPECIES TREPADORAS	
NOMBRE LATINO	NOMBRE
CESTRUM NOCTURNUM	Dama de noche
CLEMATIS ARMANDII	Clemátide
HOYA CARNOSA	Flor de cera
JASMINUM SP.	Jazmines
LATHYRUS ODORATUS	Guisante de olor
LONICERA JAPONICA	Madreselva
MANDEVILLA SUAVEOLENS	Dipladenia
PASSIFLORA QUADRANGULARIS	Pasionaria
PHASEOLUS CARACALLA	Caracolillos
QUISQUALIS INDICA	Quiscualis
ROSA SP.	Rosal trepador
SOLANDRA MAXIMA	Trompetas, solandra
STEPHANOTIS FLORIBUNDA	Jazmín de Madagascar
TRACHELOSPERMUM JASMINOIDES	Traquelospermo
WISTERIA SINENSIS	Glicinia

▲ *Las trepadoras que crecen pegadas a las paredes presentan más dificultades a la hora de podarlas, ya que en un descuido se podría cortar una de sus ramas principales.*

Para lograr esta forma, es necesario podarla a una altura de 50 centímetros y luego escoger las seis o siete ramas que constituirán sus brazos y apoyarlas contra una pared.

Otra forma posible es la de espaldera, que consiste en dejar un tronco alto, vertical y apoyado en una pared. De él saldrán luego las ramas horizontales u oblicuas. Esta forma se adapta muy bien para cubrir arcos y pérgolas.

Podas de mantenimiento

A veces, dada la velocidad de crecimiento de algunas especies, es necesario hacer varias podas de mantenimiento durante el verano, que es la estación en la que más se desarrollan.

Cuando sea necesario hacerlo, y a fin de que las plantas sufran lo menos posible, se elige una semana en la cual los calores no sean excesivos; el tiempo que transcurra después de una tormenta, por ejemplo, que suele ser más fresco.

También es recomendable evitar la poda generalizada de todos los tallos ya que, además de perjudicar al ejemplar, dará un aspecto desolado al sector en el que se encuentre la enredadera.

Las podas de mantenimiento deben realizarse progresivamente, cortando primero los tallos que más sobresalgan en la parte más baja de la mata y, en días sucesivos, las más altas.

Es necesario llevar los tallos laterales hacia los lados para cubrir las partes despobladas, sujetándolos con una cuerda.

Deberá tenerse mucho cuidado, cuando se pode, para no cortarlos por equivocación.

Podas de regeneración

Las especies más frondosas necesitan podas constantes y profundas, sobre todo a partir de primavera. Si no se efectuaran, las especies como *Hedera helix* (hiedra) o *Lonicera japonica* (madreselva), tapizarían completamente el suelo o las paredes, ocuparían el lugar destinado a otras especies y acumularían bajo la tierra una gran cantidad de ramas, hojas y flores muertas, amén de consumir completamente los nutrientes.

▲ *La acumulación de hojas secas en el período otoñal, puede servir de refugio a reptiles e insectos.*

Si la poda se efectúa en primavera, se favorecerá el resurgir de la planta; crecerán nuevos brotes y, de este modo, la planta siempre estará en óptimas condiciones. En el caso de las enredaderas que crecen pegadas a una pared, es necesario tener mucho cuidado a la hora de efectuar la poda ya que se podría cortar una de las ramas principales. Lo mejor es eliminar las que crecen en zonas no deseadas.

En las trepadoras que formen vallas, es conveniente trazar, con una cuerda, la altura a la que se quiere el seto; luego, cortar toda rama que sobresalga por encima.

También conviene que las vallas sean uniformes en anchura, de modo que también habrá que podar aquellas que, aisladas sobresalgan de la masa principal.

En los paseos y pérgolas, es necesario poner mucho más cuidado porque el sol puede dar muy bien en la parte externa de las mismas pero no en la interna. Esto provoca que muestren en el interior un aspecto menos lucido. Conviene retirar, constantemente, las ramas secas y las hojas muertas.

Si se hace una poda vigorosa en la parte más alta de la planta durante la primavera, se garantizará que el sol penetre en la masa de hojas e incida sobre las ramas interiores, aunque no sea durante las primeras semanas.

Antes de que termine la primavera o cuando ya esté iniciado el verano, es recomendable volver a realizar este tipo de poda para que el interior de la pérgola o paseo no se marchite por falta de luz.

Las más llamativas en otoño

En las regiones más cálidas, con la llegada del otoño aún es posible disfrutar de la floración de un buen número de plantas trepadoras; algunas de ellas serán capaces de mantener las flores hasta entrado el invierno.

En estos casos, es recomendable hacer una poda hacia el final de la primavera, antes de que las especies florezcan, porque de este modo se consigue retrasar la floración algunas semanas y prolongarla por mas tiempo hacia el otoño. En ocasiones, también es conveniente evitar la poda de mantenimiento de finales de verano, pues de este modo se alarga el crecimiento y el desarrollo de los

◄ Lonicera japonica *(madreselva) se desarrolla con gran rapidez y es muy resistente a la brisa marina.*

los setos o las paredes donde hay trepadoras pueden adquirir una hermosas tonalidades anaranjadas y rojizas.

Algunas de ellas son anuales, de modo que, tras el marchitamiento de sus flores, empiezan a marchitar tallos y hojas, y terminan muriendo.

Esto hace que los setos o paredes puedan presentar manchones pardos que deterioran la estética del jardín.

Según el tipo de ejemplares que se hayan cultivado, con la llegada del otoño habrá que tomar unas medidas u otras.

Se puede comenzar con la poda de los tallos que sobresalgan aislados de la masa vegetal o que esten manifiestamente desarreglados; haciendo que la forma de la mata sea pareja.

Seguramente, se encontrarán estas ramas aisladas en los bordes de las fachadas, en la

tallos que pueden ser ayudados, incluso, con la adición de un poco de abono a comienzos del otoño.

Las especies de hoja caduca muestran un color pardo o amarillento en sus hojas y hay algunas que, a medida que el invierno avanza, se vuelven rojizas y anaranjadas.

En este sentido el ejemplo más llamativo es *Parthenocissus sp.* (hiedra holandesa) cuyo color llega a ser increíblemente bello. Esta trepadora, por ejemplo, no requiere mayores cuidados, sólo reducir considerablemente el riego y esperar a que pierda por completo las hojas.

Cuando este hecho suceda, se podan los tallos desnudos.

Limpieza de ramas y hojas secas

Como se ha comentado, durante los meses de otoño,

▲ *Como las ramas de las enredaderas crecen enmarañadas y a menudo hay que meter la mano en el follaje para realizar la poda, es conveniente proveerse de unos guantes para evitar los arañazos.*

▲ Si se emplean las trepadoras para formar vallas, éstas deberán estar bien ancladas para que los vientos invernales no arrastren las ramas más finas.

base de los balcones y los contornos de los arcos y pérgolas.

Para ello realizar esta operación se necesitarán unas tijeras de podar que estén bien afiladas para no dañar las trepadoras.

Las ramas, las hojas y las flores secas que haya en el suelo, a los pies de la planta, deberán ser retirados; el suelo debe quedar absolutamente limpio.

Es recomendable que la poda de las enredaderas se realice con guantes, ya que en más de una ocasión, habrá que introducir la mano en la maraña de ramas para quitar las hojas y flores secas, o para desenredar las ramas que se quieran podar o redirigir.

Los guantes evitarán que se puedan sufrir arañazos, más en el caso de algunas especies de trepadoras que tienen espinas, como *Rosa sp.* (rosal trepador). Las hojas, ramas y flores extraídas, sobre

todo si el trabajo se ha hecho en una zona de clima húmedo, puede ser un excelente caldo de cultivo para una amplia variedad de hongos que pueden enfermar a las plantas. Bajo este manto de material orgánico, también suelen refugiarse muchos insectos que posteriormente intenten alimentarse de las plantas.

Por esto, es recomendable que este material de desecho se aparte de las especies que se están cultivando. Se puede tirar o bien aprovechar poniéndolo en una de las cubetas para hacer compost que se venden en el mercado.

De cara al mal tiempo

Antes de que los fríos intensos y las rachas de viento fuerte se hagan presentes, es necesario tomar una serie de medidas a fin de que las especies

▲ Existen enredaderas que no son tupidas y consiguen la estabilidad cuando dejan pasar el viento a través de sus ramas.

trepadoras estén bien resguardadas y cuenten con los cuidados que necesitan.

Uno de los usos que más comúnmente se da a las especies trepadoras, es su empleo en la construcción de setos y vallas.

Si estas estructuras no son lo suficientemente firmes o no están bien ancladas al suelo, con la llegada de los vientos, tan propios de finales de verano y comienzos del invierno, estas estructuras podrían ser derribadas con facilidad.

Estas dificultades se presentan, sobre todo, si las plantas se han enredado a vallados decorados con cañizo o brezo, ya que actúan como auténticas pantallas que frenan el viento.

Si el viento es muy fuerte, puede llegar a arrancar los pivotes de sujeción provo-

cando bastantes daños, no sólo a la enredadera y a la estructura que la conforman, sino a cada una de las plantas que hubiera a su alrededor.

Para no tener que enfrentarse a estos problemas, sobre todo en aquellas regiones en las cuales el viento tiene una fuerza considerable, lo mejor es distribuir el cañizo o el brezo en bandas discontinuas sobre el vallado a fin de que esta distribución facilite el paso del viento y evite el derribo de las vallas.

Otra medida importante es podar la enredadera de modo que no quede excesivamente tupida y deje pasar, entre sus ramas, el viento. De este modo también será menos pesada y tendrá una mayor estabilidad.

▲ Con un buen abono se puede lograr que la floración de las trepadoras sea abundante y prolongada.

Árboles ornamentales

Árboles ornamentales

Cuidados especiales para árboles frutales

ÁRBOLES ORNAMENTALES

▲ *En los jardines espaciosos los árboles pueden ser los protagonistas. Suelen ser fáciles de cuidar y tienen una mayor resistencia que otros grupos vegetales. Su variedad es enorme y se los puede elegir para cumplir diferentes funciones como son la de dar frutos o la de ofrecer sombra.*

UNO DE LOS GRUPOS de vegetales más fáciles de mantener, que requieren menos labores de mantenimiento y que tienen una fuerte presencia en el jardín son los árboles.

En ocasiones se pueden desarrollar y crecer con toda naturalidad, sin que se le brinde ningún tipo de cuidados. La variedad de especies es enorme y pueden cumplir diversas funciones: dar sombra, proveer de frutos, formar alamedas, llamar la atención por la forma de su copa, etc.

La elección del árbol

A la hora de elegir una especie para plantar en el jardín, no basta con dejarse guiar por el gusto; también es necesario tener en cuenta las necesidades que tendrá el árbol, según la especie a la que pertenece, si el entorno en el cual se va a instalar es el adecuado y si la especie cumplirá con lo que se espera de ella.

Dichas especies no alcanzan la altura ideal de un día para otro; como tienen tallas considerablemente grandes, desde que se adquieren hasta que se desarrollan pueden pasar años.

Hay que estudiar las dimensiones y cualidades del jardín donde se pondrá el ejemplar; ver si hay suficiente espacio disponible, si no hará el jardín demasiado pequeño, entorpecerá las actividades que en él se realicen...; si tendrá la suficiente cantidad de luz, etc.

Es necesario pensar en estos factores, ya que hay árboles que tienen raíces muy desarrolladas, como *Salyx babilonica* (sauce llorón) y otros cuyas copas son muy frondosas y de grandes dimensiones, como *Populus nigra* (chopo) o *Juglans regia* (nogal).

Algunos ejemplares no soportan los lugares poco iluminados o fríos, como la mayoría de las palmeras, *Magnolia magniflora* (magnolio) o *Jacaranda mimosifolia* (jacarandá). Otros, por el contrario, prefieren los lugares decididamente sombríos y fríos, como *Abies alba* (abeto) y *Larix decidua* (alerce).

Es importante también decidir si lo que se quiere es una buena sombra, una silueta elegante, hermosos frutos o si se desea evitar, en lo posible, la recogida de hojas secas en otoño.

▲ *El lugar en el cual se emplace cada ejemplar debe ser escogido con mucho cuidado y teniendo en cuenta que algunos crecen hasta alcanzar grandes proporciones.*

Por ello, una vez que se hayan decidido las especies que podrían ir en el rincón del jardín donde se quiere plantar el árbol, habrá que elegir entre todas la que más se adecue a las necesidades o gustos del cultivador.

TRASPLANTE DE UN ÁRBOL ORNAMENTAL

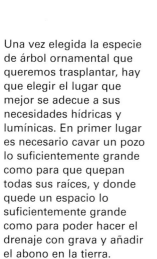

Una vez elegida la especie de árbol ornamental que queremos trasplantar, hay que elegir el lugar que mejor se adecue a sus necesidades hídricas y lumínicas. En primer lugar es necesario cavar un pozo lo suficientemente grande como para que quepan todas sus raíces, y donde quede un espacio lo suficientemente grande como para poder hacer el drenaje con grava y añadir el abono en la tierra.

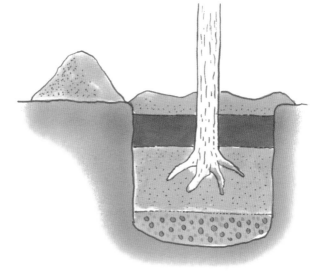

Los árboles más comunes, según su talla

En el cuadro inferior se indican las tallas de las especies ornamentales más comunes y extendidas en todo el mundo. También se sugieren algunas posibilidades de uso o cuáles son las cualidades de cada especie que predomina sobre las demás.

Trasplante de ejemplares

Generalmente, los árboles que se adquieren en los viveros listos para ser trasplantados son de dos tipos: los que tienen la raíz desnuda y aquellos cuyas raíces están envueltas en un cepellón de tierra.

▲ *Las palmeras son árboles poco resistentes al frío o a la escasa iluminación.*

LOS ÁRBOLES MÁS COMUNES SEGÚN SU TALLA			
NOMBRE LATINO	NOMBRE	TALLA	CUALIDAD
ABIES ALBA	Abeto	Media-grande	Silueta
FAGUS SYLVATICA	Haya	Grande	Sombra y silueta
JACARANDA MIMOSIFOLIA	Jacarandá	Media-grande	Flores
JUGLANS REGIA	Nogal	Grande	Sombra y silueta
PHOENIX DACTYLIFERA	Palmera datilera	Media	Silueta
POPULUS NIGRA	Chopo	Grande	Tonalidad estacional
SALIX BABYLONICA	Sauce llorón	Media-grande	Ramas colgantes
SEQUOIADENDRON GIGANTEUM	Secuoya	Grande	Silueta

Árboles de raíz desnuda

Siempre que hayan alcanzado la talla adecuada, los ejemplares de raíz desnuda deben trasplantarse antes de que comience el buen tiempo y el tallo rebrote, pues si cuando ello sucede no están inmersos en un medio nutritivo, corren el riesgo de perderse.

El mejor momento de hacer el trasplante es el invierno, en días oscuros y fríos, dejando que el suelo y la raíz establezcan los adecuados vínculos.

Para las especies de raíz desnuda no es necesario cavar un hoyo muy ancho. Debe ser profundo ya que no existe cepellón de tierra y las raíces tienden a tener cierta longitud.

Antes de instalar el ejemplar, mezclar un poco de la tierra que se ha extraído al cavar con mantillo y un poco de arena. Echarla al fondo de hoyo y luego poner dentro el árbol. Esta mezcla tiene por finalidad el servir de drenaje, para que el terreno no se encharque.

A continuación se deberán tapar las raíces con tierra, comprobando mientras se hace que el árbol conserva la vertical.

Para ello, habrá que sujetarlo con una mano mientras se van cubriendo las raíces y compactando la tierra con la otra. Antes de que el hoyo quede totalmente cubierto, deberá añadirse una capa de mantillo de unos cinco centímetros de espesor. Finalmente, se deberá cubrir con tierra dejando una depresión en el lugar donde se encuentra el tronco, rodeada de un montículo circular.

Ejemplares con cepellón

Hay muchas especies que deben mantener sus raíces envueltas en tierra, cuidando de que no se sequen, pues de lo contrario se marchitarían en poco tiempo.

Esto ocurre con la mayoría de las especies de hoja perenne y en particular con las coníferas. Para hacer el trasplante de estas

▶ *Los árboles pueden cumplir muchas funciones, entre ellas la de formar alamedas en las que se pueden mezclar distintas especies.*

◀ *Populus nigra (chopo) desarrolla una copa muy amplia.*

especies a su lugar definitivo, es necesario tener en cuenta dos factores:

• Que aún no hayan rebrotado; es decir, que no se haya producido la aparición del nuevo follaje.

• Que el frío haya remitido lo suficiente como para que la tierra helada no perjudique la adaptación de las raíces al nuevo suelo.

Por ello, si bien se pueden hacer estos trasplantes en invierno en lugares de climas benignos, lo más adecuado es esperar la llegada de la primavera.

La mayoría de las coníferas están adaptadas a vivir en climas fríos, de manera que no suelen echar nuevos brotes hasta mediados de la primavera.

Por esto, debido a los trastornos que sufren las raíces al ser extraídas, el momento más idóneo para hacer el trasplante coincide con el final del invierno y el comienzo de la primavera.

Es conveniente elegir una semana en la que no haga demasiado frío, pero en la que tampoco el sol sea muy fuerte. Para hacer esta operación, lo mejor es comenzar a primeras horas de la mañana.

Los pasos a seguir para hacer el trasplante son los siguientes:

• Cavar un hoyo de mayor volumen, en anchura y profundidad, que el propio cepellón.

• Colocar en el fondo una capa de arena y grava.

• Quitar las piedras y deshacer los terrones de la tierra que se ha sacado del poco y reemplazar una tercera parte de ella por mantillo.

• Poner una base de la mezcla sobre la arena y la grava y depositar encima el cepellón.

• Una vez puesto el árbol en el hueco, rellenar el espacio sobrante con la mezcla de tierra y mantillo hasta llegar a la superficie. Mientras se hace esta operación, mantener el tronco erguido.

• Apelmazar la tierra con los pies, creando una depresión en cuyo centro se encuentre el tronco.

• Poner en el hueco que ha quedado una capa de mantillo y regar abundantemente.

▲ *La poda anual de árboles y arbustos no sólo favorece al ejemplar sino, también, da un aspecto mucho más cuidado al jardín.*

▲ *En verano y en otoño, los árboles y arbustos agradecen especialmente que a la hora de regar se humedezca toda el área que abarca su sombra.*

Labores generales de mantenimiento

Durante el verano y el otoño, la mayoría de los árboles apenas necesitan cuidados; si han sido colocados en lugares que puedan cubrir sus necesidades de luz, de agua y temperatura, crecerán sin necesidad de prodigarles cuidados.

Sin embargo, esto no quiere decir que no agradezcan un riego periódico en la porción de terreno que abarca su sombra, ya que es la zona hasta donde se extienden, por lo general, sus raíces.

A las especies de lugares más cálidos les viene muy bien que les mojen el tronco y la copa con la manguera; la razón es que les quita el polvo y, sobre todo, pequeños insectos que podrían causarles perjuicios.

Además, mantiene en su entorno un microclima húmedo y fresco que resulta muy beneficioso.

Si se va a realizar esta operación, es necesario tener en cuenta que no conviene hacerla a las horas de máximo sol, es decir al mediodía; lo mejor es efectuarla al atardecer o a primeras horas de la mañana.

La importancia de la poda

Se ha dicho que los árboles, comparados con otras especies vegetales, exigen muy pocos cuidados; su sistema radicular es capaz de hundirse en el suelo en busca de las nutricias capas profundas, o bien extenderse horizontalmente cuando el agua escasea.

Sin embargo, uno de los cuidados que en los árboles resulta casi imprescindible es la poda; todas las especies, sean ornamentales o frutales, necesitan una poda anual que mejore las condiciones del árbol, por una parte, y las del jardín, por otra.

Como norma general la poda debe realizarse en invierno y los cortes que se hagan a los árboles deben ser los mínimos posibles.

Aunque es necesario que las ramas puedan desarrollarse según los dictados de la naturaleza, hay situaciones

▶ *Juglans regia (nogal) posee unas raíces de grandes dimensiones.*

▲ *La poda en un ejemplar sólido es una labor muy importante que ayuda a que el tronco y las ramas principales se desarrollen, fortalezcan y conformen con la copa una estructura sólida.*

que exigen el corte de algunas ramas para beneficiar al árbol entero.

Hay que destacar algunas de las razones que justifican una poda son las siguientes:

• La presencia de ramas muertas deteriora la estética del ejemplar.

• El peso de cada rama incide sobre el tronco, que es quien lo soporta.

• Si no se quitan las ramas no deseadas y las que están muriendo, ese peso podría desgajar la corteza del tronco.

• Cuando la copa es excesivamente densa, los rayos del sol tienen menos posibilidades de llegar a las hojas del interior. La poda puede servir para hacer más espacio, para que la copa no esté demasiado abigarrada y permita que la luz llegue a todas las hojas y ramas del ejemplar.

• El crecimiento de una rama puede llegar a una zona no deseada: el interior de un balcón, la proximidad de cables de electricidad, etc., en cuyo caso, es preferible podarla.

Los cortes deberán realizarse adecuadamente. Nunca hay que olvidar que el corte de una rama es, en definitiva, una herida que se inflinge al árbol; por esta razón, si no se hace con cuidado o siguiendo ciertas normas a fin de que la cicatrización sea rápida, y el corte de la rama no provoque daños al árbol, ni deteriore su estética o la del jardín.

Establecimiento de la estructura

Uno de los objetivos de la poda, sobre todo cuando se hace en ejemplares jóvenes, es establecer un tronco fuerte y una estructura sólida

MANTENIMIENTO DE LAS HERRAMIENTAS DE PODAR

• La herramienta con la que se realice la poda debe estar en perfectas condiciones. Unas tijeras desafiladas o melladas producirán cortes poco limpios en la planta que pueden llegar a enfermar.

• Las herramientas que se utilicen para podar deben estar completamente limpias y libres de óxido, para evitar la infección en el corte y la transmisión de organismos patógenos.

• Es necesario cortar cada tipo de rama, según su grosor, con la herramienta adecuada; las ramas finas de un año de edad, deben cortarse con tijeras de mango corto; las de mediano grosor y las leñosas, con la cizalla; y las más gruesas, requerirán el uso de un serrucho.

• Una gubia para terminar los cortes de ramas muy gruesas que estén insertadas en el tronco.

de manera que el árbol cuente con un buen sistema de ramas primarias de andamio, adecuadamente espaciadas.

Esto hará crecer al árbol con un buen equilibrio y hará menos necesarias las podas posteriores para hacer correcciones.

En el momento de podar, debe recordarse que la resistencia de las ramas depende de su ángulo de inserción y del espaciamiento de las mismas.

La estructura adecuada sólo puede establecerse si se tiene en cuenta la estructura natural del árbol; cada especie tiende a adquirir una forma final y la poda, en todo caso, debiera apuntar a que esta forma se mantenga, que todo el desarrollo del ejemplar se dirija hacia adquirirla en su forma adulta.

Hay especies que tienen forma cónica, con una rama central en tanto que otros, por el contrario, tienen una copa extendida sin rama central.

Algunas especies tienen innumerables ramificaciones en su copa en tanto que otras, tienen una copa mucho más clareada. Todas estas diferencias determinarán cómo debe efectuarse la poda. En la mayoría de los árboles jóvenes será conveniente mantener una rama líder dominante. Ésta no deberá ser cortada ni sobrepasada por otras ramas secundarias.

En ocasiones, hay árboles que desarrollan las dos ramas líderes, conocidas como ramas codominantes.

Como esta situación debilita la estructura del árbol, se hace necesario eliminar una de ellas.

Las ramas laterales pueden contribuir a la robustez del tronco y en ocasiones será necesario mantenerlas temporalmente, aun sabiendo que se quieren quitar.

Su cometido, a menudo, es proteger al tronco central del sol, de lesiones traumáticas, etc.

Estas ramas temporales deben mantenerse cortas y de ningún modo puede obstruir el crecimiento de las ramas definitivas.

La mayoría de los árboles ornamentales necesitan un espacio entre el suelo y la copa que suele ser de unos dos metros y medio.

▲ En la mayoría de los árboles jóvenes es conveniente mantener una rama dominante. Ésta no debe ser podada ni sobrepasada por otras.

▲ *Los árboles, en tanto que son especies vegetales, necesitan realizar el proceso de fotosíntesis. Como éste se efectúa en las hojas, la poda no deberá nunca ser excesiva.*

Esto implica que las ramas bajas necesitarán ser podadas para que el tronco alcance esa altura.

De entre las ramas permanentes que se dejen en el árbol, la más baja será la que fije el espacio que habrá entre la copa y el suelo.

La altura de la fronda deberá elegirse en función de la utilidad que se quiera dar al árbol: si se lo desea para el borde de un camino, por ejemplo, habrá que tener en cuenta que si es demasiado baja, cuando el ejemplar desarrolle será incómodo para los paseantes.

Por el contrario, los árboles que se usen para tapar una vista desagradable o como cortavientos, no conviene que tengan un largo tronco sin ramas sino, más bien, que las ramas crezcan desde muy abajo y sean muy densas.

Con todo ello se quiere indicar que antes de empezar a podar un ejemplar joven, se planifique muy bien cuál es la función que cumplirá el árbol y qué forma definitiva se quiere obtener.

Algunos árboles tienden a formar ángulos muy estrechos en sus ramas de modo que a medida que éstos crezcan, de la corteza queda incluida dentro del ángulo de inserción de la rama. A esto se llama corteza incluida. Las ramas que nacen de esta forma, son más propensas a desgajarse cuando son ya adultas porque la unión al tronco es muy débil.

Lo que hay que hacer en estos casos es cortar estas ramas mientras son jóvenes; ello redundará en una mejor nutrición de todo el ejemplar.

Es importante recordar que los árboles son vegetales y que, como tales, realizan la fotosíntesis a través de sus hojas. Por esta razón las podas no deben ser excesivas; cada ramita

CÓMO SE DEBEN HACER LOS CORTES

• La dirección del corte debe ser siempre oblicua a la dirección de crecimiento.

• Es necesario dejar el extremo más largo hacia arriba, de modo que sea el más alejado del suelo.

• El corte se debe hacer por encima de una ramificación o una yema, teniendo cuidado de que el corte no le afecte.

nutre, con la función de fotosíntesis de sus hojas, la rama a la cual está inserta y ésta, a su vez, a una rama mayor o al tronco y las raíces. Si se quitan demasiadas ramas, el árbol tendrá un crecimiento más lento y podría, incluso, enfermar.

La norma general para la poda de árboles consiste en no cortar nunca más de la mitad del follaje situado en los dos tercios inferiores de la copa.

Cuándo efectuar la poda

Normalmente se suele podar los árboles en invierno, sin embargo hay ejemplares en los cuales la poda se adelanta, incluso, hasta el otoño.

▲ Cada árbol necesita ser podado según su estructura. Generalmente, se aconseja no cortar más de la mitad del follaje situado en los dos tercios de la copa.

El momento más idóneo en el caso de árboles ornamentales, suele ser a finales del invierno porque en cuanto comienza la primavera, las ramas empiezan a llenarse de brotes y, por ello, los cortes no alteran el desarrollo de los ejemplares.

Hay árboles que, por su velocidad de crecimiento, necesitan podas anuales que corrijan la dirección de sus ramas y su desarrollo en general; tal es el caso de *Aesculus hippocastanum* (castaño de Indias), *Populus sp.* (chopo) o *Platanus occidentalis* (plátano).

Hay árboles de follaje abundante, como *Salix sp.* (sauce) o *Frixinus sp.* (fresno), en los cuales la floración se produce de manera anticipada y es anterior a la aparición de las nuevas hojas.

▲ Hay especies que hay que podar con cierta frecuencia por tener un crecimiento desmesurado, como es el caso del plátano.

En muchos casos, la poda se produce en pleno invierno. En estas especies debe hacerse también de forma anticipada, ya que de esperar a la primavera se iniciaría una vez movilizada la savia y eso perjudicaría seriamente al árbol.

Lo conveniente es podar estos ejemplares hacia finales del otoño o, a más tardar, a mediados del invierno y no esperar a finales como suele hacerse con las demás especies.

▲ *Una vez que el injerto ha prendido y que el ejemplar se ha desarrollado, las cicatrices que quedan son mínimas.*

más adelante, cuando la copa adquiera la forma que se busca, corrigiendo su dirección o su altura.

A veces, el peso de las ramas desgajan el tronco o lo resquebrajan. Si fuera necesario podar una rama que estuviera en esta situación, nunca debe cortarse a ras del tronco porque se facilitaría, de este modo, que la corteza se desgajase.

Lo que hay que hacer es cortar, en primer lugar, la punta. Luego se deberá disminuir la longitud de la rama, desde la parte más fina hacia la más gruesa, a fin de restarle peso a la rama y que éste no produzca desgajamientos cuando se efectúe el corte junto al tronco.

Cuando ya esté podada la rama, se deberá terminar el corte con la ayuda de una gubia y limar las astillas para que la cicatrización sea muy rápida, y la herida no esté expuesta a infecciones.

Si las heridas producidas por la poda se cubren con alquitrán, se reducirá enormemente la posibilidad de contagio por hongos y bacterias, favoreciendo así la cicatrización.

Las técnicas de poda

Cada ejemplar necesita una forma de poda determinada, relacionada con sus características y su desarrollo. Pero hay técnicas o normas que son válidas para casi todas las especies.

Si es necesario practicar un corte en el tronco principal, a fin de que la copa sea más extendida que elevada, es necesario evitar que ello produzca una zona central plana ya que sería mucho más propensa a infecciones y podredumbres, pudiendo acabar con el árbol.

En este caso, lo que hay que hacer es crear una vía para que la savia pueda ascender por una rama lateral que se podrá podar

Obtención de estacas

La forma más cómoda de obtener nuevos ejemplares de los árboles que ya se tienen en el jardín es mediante la obtención de esquejes o estacas.

INJERTO CON ESTACA EN FORMA DE CUÑA

Este tipo de injerto es apropiado para injertos laterales en ramas y troncos.

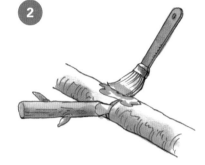

Tallar la estaca en forma de cuña e insertarlo en el corte producido en una de las ramas.

Envolver la estaca injertada con un trozo de cartón y sujetarlo con una cuerda.

INJERTO CON ESTACA PUNTA DE LAPICERO

En los injertos en corona se utilizan estacas en punta de lapicero.

Insertar la punta de la estaca en la parte superior del tocón y rodearla con cera para injertar.

Envolver el tocón que contiene la estaca con cartón, sujetándolo con cuerda o rafia.

INJERTO CON ESTACA EN FORMA DE LENGUA

El injerto con estacas afiladas en forma de lengua son más complejas.

Es necesario hacer dos cortes en el tocón receptor, que encajen con la estaca.

Rodear el injerto con cera, como en los casos anteriores, y sujetarlo hasta que arraigue.

▲ *La reposición de nutrientes a principios de la primavera, garantiza la perpetuación de las especies en el jardín.*

En las especies leñosas, esta operación debe realizarse sobre las ramas más jóvenes; es decir, a los brotes que hayan surgido en ese año.

Cuanto menos desarrollo alcancen los tejidos de la estaca o esqueje, mayor será la posibilidad de que eche raíces.

Por otra parte en invierno, mientras las ramas jóvenes aún no se han cubierto de corteza, se encuentran llenos de yemas que brotarán en cuanto llegue la primavera. Éste es el momento más adecuado para obtener de ellas los esquejes y conseguir un nuevo ejemplar.

▶ *Larix decidua (alerce) se desarrolla en lugares sombríos y fríos.*

Si hay retoños al pie del árbol, éstos constituirán los mejores esquejes para plantar.

Si no los hay, es preferible elegir estacas que estén tan próximas al suelo como sea posible.

Una vez obtenido el esqueje es necesario machacar un poco la base; es decir, el lugar donde se ha dado el corte, y a continuación ponerlo en un recipiente con agua hasta el momento en que se efectúe su plantación definitiva.

El hoyo que deberá excavarse en el lugar donde se ponga el nuevo ejemplar, no debe ser demasiado hondo; será suficiente con enterrar la estaca unos diez centímetros.

Antes de plantar el esqueje o la estaca, conviene poner en el fondo del hoyo un poco de grava y arena para que el drenaje sea bueno.

La tierra que se ha sacado del hoyo que se ha excavado, deberá cribarse, eliminando las piedras y los terrones para que esté bien suelta. Una vez hecho esto, se mezclará con abundante compost vegetal y se echará un poco sobre la grava que se ha puesto en el hoyo para que el nuevo ejemplar tenga los nutrientes que necesita.

Para acelerar el proceso de creación de raíces, conviene impregnar la base de la estaca o esqueje con hormonas de enraizamiento; después de eso, se procederá a plantarlo.

El espacio vacío que quede en el

hoyo una vez que se haya introducido en él la estaca, deberá ser rellenado por la mezcla de tierra y compost. Oprimiendo con la mano el suelo, se conseguirá que el futuro ejemplar se mantenga firme y erguido.

Se puede hundir un poco alrededor del esqueje y cubrir esa pequeña depresión con compost y luego con tierra.

La creación de un círculo elevado a su alrededor permitirá un mejor aprovechamiento del agua por parte del nuevo árbol.

La tierra deberá estar, en todo momento, húmeda ya que si el suelo se seca será difícil que la estaca arraigue o brote. Por dicho motivo, hay que regar constantemente pero teniendo en cuenta, eso sí, que la tierra no debe encharcarse ya que ello pudriría las raíces.

▲ Al comienzo de la primavera el jardín cobra otro color. Las especies se llenan de ramas, hojas y brotes, y es el momento de reponer nutrientes.

Abonado y riego

Hacia el final del invierno, se acerca el período en que los árboles comenzarán a brotar después de haber pasado el período de descanso vegetativo.

A principios de la primavera, algunas especies ya muestran señales de nuevas ramas o yemas, y éste es el momento más adecuado para reponer los nutrientes que, durante la temporada, se han ido agotando.

Es importante tener en cuenta que la fertilización no sólo ayuda a que el árbol crezca a un ritmo más rápido y se mantenga más sano sino, también, que pueda enfrentarse con más éxito a las plagas u organismos patógenos que le ataquen.

La cantidad de mantillo que se vaya a utilizar deberá ser calculada en función del

▲ Los esquejes deben obtenerse en invierno, cuando las ramas jóvenes que aún no se han cubierto de corteza contienen muchas yemas.

PARA OBTENER UNA COPA EXTENDIDA

A la hora de efectuar una poda para redondear una copa o para hacerla más extensa y frondosa, es muy importante saber elegir las ramas que deberán respetarse.

En la primera secuencia se pueden observar claramente dos opciones de corte, señalados con los números: 1 y 2. El primero, a ras del tronco, y el segundo, a mayor altura.

Si se sigue la opción 1 y se deja la cúspide del tronco plana, es probable que el ejemplar enferme, ya que con este tipo de cortes se fomenta la pudrición.

En la secuencia 2, se muestran los resultados del corte marcado con el número 2; se puede apreciar que la copa se extiende hacia los lados y no hacia arriba, como se deseaba, sin haber provocado daño alguno al tronco.

En el dibujo superior se muestran los dos cortes posibles. El corte señalado con el número 1, horizontal, acarreará la putrefacción del tronco, por lo cual no es aconsejable.

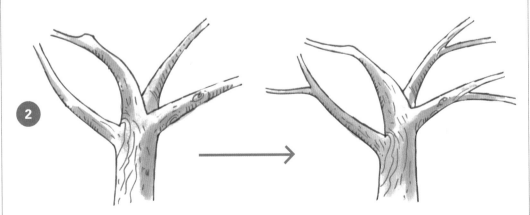

La opción número dos, por el contrario, permitirá que la savia ascienda sin dificultad a la copa del árbol. Como norma conviene hacer los cortes en forma oblicua.

▲ *Si uno de los árboles del jardín tiene un aspecto extraño, si presenta anomalías en su tronco, ramas u hojas es posible que esté siendo atacado por una plaga.*

número de ejemplares que se posean; es conveniente que este mantillo no sea fresco.

La forma mejor de abonar un árbol es levantar la tierra alrededor del ejemplar con ayuda de una azada o azadón de manera que quede removida en un diámetro de cincuenta centímetros. Con la tierra así levantada, se deberá crear un bordillo circular de una altura de cinco o diez centímetros.

Deberán eliminarse en el interior del círculo las malas hierbas que pudiera haber.

Después de estas labores, quedará el árbol en una depresión de tierra suelta, rodeada por un anillo.

Ese espacio deberá ser llenado con una mezcla de tierra y mantillo hasta alcanzar casi el borde del anillo externo.

Para que el abono y la tierra se asienten, será necesario hacer un riego abundante.

Esta operación deberá hacerse cada vez con mayor frecuencia en la medida en que los días se hagan más calurosos y las lluvias más escasas.

Al tiempo de haber abonado, el montículo que rodea al árbol se habrá deshecho, en parte arrastrado por el agua de lluvia, el viento o los riegos.

Es importante volverlo a formar, sobre todo si el árbol se encuentra en una pendiente, ya que ese círculo sirve para retener el agua con la que se riega el árbol.

Plagas y enfermedades

Cuando una plaga o una enfermedad ataca un árbol, por lo general se presentan algunos síntomas.

Por ello, si un ejemplar presenta anomalías, es recomendable analizarlas para comprobar que no se trate de algún estado patológico o de la presencia de organismos patógenos o, en caso de que así fuera, poner cuanto antes remedio a la situación.

▲ *La resistencia a los agentes invasores es menor en los árboles débiles o enfermos por ello, el riego y el abonado son labores que nunca deben descuidarse.*

Los árboles tienen necesidades específicas de nutrientes, luz, temperatura y agua; si éstos son insuficientes o exageradas, si no los recibe en su justa medida, pueden enfermar, incluso volverse más vulnerables a las plagas.

Las diferentes especies vegetales tienden a tener algunas enfermedades o plagas más que otras, de modo que si se conocen las posibilidades del ejemplar que presente las anomalías, será mucho más fácil hacer un diagnóstico.

Con el comienzo de la primavera, no sólo comienzan a crecer las nuevas ramas en los árboles, sino que también reanudan su actividad los organismos que hay en el jardín; comienzan a reproducirse y a alimentarse tanto como puedan.

Los pulgones y hormigas, por ejemplo, suelen afectar a los frutales y a las especies en las que se generan soluciones azucaradas en sus ramas, como por ejemplo *Salix babylonica* (sauce llorón).

▲ *Conviene conocer de antemano las plagas a las que son vulnerables los árboles que se tienen en el jardín, ya que puede ser importante a la hora de realizar un rápido diagnóstico.*

Si los ataques de estos insectos, si no se detectan a tiempo son capaces de acabar totalmente con los nuevos brotes.

Hay varios métodos para controlar el ataque de hormigas y pulgones:

• Impregnar la base del tronco con cal, hasta los 30 o 40 centímetros de altura.

De esta manera, gran parte de los insectos que pueden trepar al árbol desde el suelo, se abstendrán de hacerlo.

• Instalar a media altura del árbol y recipiente con agua con jabón, rodeando el árbol.

Para hacerlo se puede utilizar un trozo de la cubierta de una bicicleta, me-

▲ *Durante el otoño se produce la caída de las hojas. Éstas se pueden recoger periódicamente o bien dejar que cubran el suelo, siempre y cuando su presencia no afecte a otros ejemplares.*

dia garrafa de plástico o bien construirlo con papel de aluminio y alambre.

Tendrá que ajustarse al diámetro del tronco. Estas operaciones hay que llevarlas a cabo antes de que se estabilice el buen tiempo; es decir, a principios de primavera.

Si estos remedios no dieran resultados, habrá que recurrir a insecticidas industriales, preferentemente ecológicos, y pulverizar con ellos las zonas afectadas.

Para combatir efectivamente la plaga deberá mantenerse el tratamiento durante varios días.

▲ Las hojas muertas pueden ser convertidas en abono. Para ello es necesario contar con una cubeta de compost.

Recogida de hojas

En otoño, el suelo del jardín se puede llenar con las hojas que caen de las especies de hoja caduca.

Ante esta situación, hay dos opciones posibles: recogerlas a medida que van cayendo de los árboles o bien, si resulta agradable ver el suelo tapizado con los tonos ocres, amarillos y rojizos que adquieren las hojas secas, dejarlas hasta que ya no quede ninguna en los árboles.

La segunda opción es, sin duda, la más cómoda; sobre todo si en el jardín hay ejemplares de los géneros *Populus sp.* (chopo) o *Platanus sp.* (plátano) en los cuales, desde que pierden la primera hoja hasta la última pueden pasar varias semanas. Pero no basta con amontonar las hojas en una esquina del jardín; también hay que deshacerse de ellas, recogerlas convenientemente.

A tal efecto, en el mercado hay unas máquinas que aspiran las hojas secas facilitando de este modo el trabajo. Si no se puede disponer de esta ayuda, se deberá recurrir al uso de un rastrillo con el que se acumularán las hojas en algún rincón del jardín.

Una vez que estén amontonadas, se podrá utilizar una horca para recogerlas. También puede utilizar una herramienta casera y útil que consiste en dos tablas de madera que se utilizarán como pinza para levantar las hojas del suelo y colocarlas en una bolsa de plástico o en la carretilla.

Quienes dispongan de una cubeta de compost podrán reciclar adecuadamente este material y utilizarlo para renovar los nutrientes del suelo, plantar nuevos ejemplares, etc.

CUIDADOS ESPECIALES PARA ÁRBOLES FRUTALES

LAS DIFERENTES ESPECIES de árboles frutales, además de dar frutos que sirven como alimento, pueden también cumplir con el resto de las funciones propias de las demás especies.

Hay frutales de copa frondosa, apropiados para dar sombra, otros cuyas flores tienen un aroma intenso y agradable, especies que se visten de un hermoso colorido en primavera, etc.

Lo importante, a la hora de plantarlos, es saber qué se espera del árbol que se va a colocar y, en función de eso, elegir la especie.

Si lo que se desea es tener frutos y se quiere plantar un solo árbol, es importante elegir una especie autofértil, capaz de polinizarse a sí misma ya que de no ser así, jamás daría frutos.

Al hacer la elección del ejemplar, hay que valorar muy bien el tipo de clima en el que se va a desarrollar.

Hay frutales que no soportan las heladas, como la *Persea americana* (aguacate) y otros que, por el contrario, necesitan acumular frío en invierno para poder dar sus frutos, como es el caso de *Prunus cerasus* (guindo).

▲ *La elección de un árbol no debe hacerse a la ligera. Es necesario tener muy claro qué se espera de él, cuál es la principal función que va a cumplir en el jardín.*

Si podemos tener un clima que produce heladas en invierno, es muy importante no plantar aquellas especies que pudieran florecer o comenzar a formar los frutos cuando sobrevengan aquellas temperaturas más bajas ya que, en estos casos, los frutos no se podrían desarrollar de forma adecuada.

Elección de frutales según el clima

En el siguiente cuadro se muestran los frutales más comunes y el tipo de clima en el que se pueden cultivar.

Los frutales aptos para clima frío soportan heladas frecuentes y de una temperatura de −10 ºC o menos.

▶ *Fruto de Punica granatum (granado).*

112

ÁRBOLES FRUTALES SEGÚN EL CLIMA

Nombre latino	Nombre	Clima
AMYGDALUS COMMUNIS	Almendro	Templado
ANONA CHERIMOLIA	Chirimoyo	Tropical
CASTANEA SATIVA	Castaño	Templado
CIDRUS LIMON	Limonero	Templado
CITRUS DELICIOSA	Mandarino común	Templado
CITRUS GRANDIS	Pomelo	Templado
CITRUS SINENSIS	Naranjo dulce	Templado
COCUS NUCIFERA	Coco	Tropical
CORYLUS AVELLANA	Avellano	Frío
CYDONIA OBLONGA	Membrillero	Frío
FICUS CARICA	Higuera	Templado
MALUS PUMILA	Manzano	Frío
MANGIFERA INDICA	Mango	Tropical
OLEA EUROPEAE SATIVA	Olivo	Templado
PERSICA VULGARIS	Melocotonero	Frío
PRUNUS ARMENIACA	Albaricoquero	Templado
PRUNUS CERASUS	Guindo	Frío
PUNICA GRANATUM	Granado	Templado
PYRUS COMMUNIS	Peral	Frío
RUBUS IDAEUS	Frambueso	Frío
VACCYNIUM CORYMBOSUM	Arándano	Frío

◀ Castanea vulgaris (castaño) es un árbol de clima templado.

nes. La posibilidad de investigación y experimentación que brinda, la convierte en una de las labores más creativas que se pueden hacer en el jardín.

Aunque parezca una técnica difícil, el hacer injertos no exige una gran preparación ni una destreza manual especial; cualquiera puede hacerlo con éxito siempre y cuando siga metódicamente los pasos adecuados.

Como cada frutal tiene una gran cantidad de variedades, es necesario escoger una buena a fin de mejorar la calidad del árbol.

Dentro de una misma especie, por ejemplo en las manzanas, hay una increíble cantidad de ejemplares que difieren totalmente en forma, textura, sabor, tamaño y color.

Lo importante es saber qué tipo de ejemplar se quiere obtener o mejorar a fin de escoger la más adecuada.

Los injertos dan múltiples posibilidades: se puede emplear un pie o patrón de árbol que se haya adaptado bien a las condiciones del jardín, pero que no produce fruta adecua-

Los de clima templado, pueden vivir en lugares en los que las heladas sean muy escasas y que no sobrepasen los –3 °C aunque algunos pueden aguantar hasta –5 °C.

Los de clima tropical, no soportan las heladas; pueden llegar a sobrevivir a alguna esporádica, pero, en general la temperatura mínima a la que se los debe exponer son los +3 °C.

Injerto de frutales

En las especies frutales, los injertos adquieren otro significado. Ya no se trata del aspecto estético que le confieran al árbol sino de las variedades que se pueden proporcionar a sus frutos.

El injerto es una técnica que requiere paciencia y destreza pero que, una vez dominada, puede proporcionar grandes satisfaccio-

▲ En los frutales, los injertos desempeñan un papel muy importante a la hora de mejorar los frutos o de obtener novedosas variedades.

da para injertar en él una variedad cuya fruta sea muy buena.

También se pueden poner, en un mismo árbol, diferentes variedades en cada rama por medio de injertos.

Las posibilidades que presenta esta técnica son muy interesantes; desde los complicados injertos puentes y los que unen tallos aún enraizados, hasta los injertos sencillos laterales y en forma de silla; también, hay una extensa variedad de injertos de hendidura que son los que se practican con mayor frecuencia en frutales y los que mejores resultados proporcionan.

Para toda persona que no haya utilizado injertos con anterioridad, los de hendidura son los más adecuados para iniciarse en la técnica. Este tipo de injertos se pueden hacer tanto en los cortes laterales de las ramas como en los tocones producidos tras la poda.

Se utilizan, por lo general, estacas cortadas de tres formas diferentes:

• En forma de cuña.
• En forma de lapicero.
• En forma de lengua.

Las de los dos primeros tipos, de cuña y de lapicero, se utilizan en injertos laterales que se pueden hacer tanto en la corteza de una rama como en la del tronco; la estaca en forma de leña se corta para los injertos de corona, que se practican en la corteza de un tocón.

Cada una de estas maneras de cortar la rama que se va a injertar, es más apropiada para unas especies que para otras.

El injerto en forma de cuña, si bien puede practicarse en muchas especies, está especialmente indicado para los árboles de corteza lisa, como por ejemplo *Prunus avium* (cerezo).

Los injertos en forma de lapicero se puede hacer sobre cualquier patrón y es altamente recomendable porque es el más simple y fácil de hacer; tiene más posibilidades de acierto.

El de lengua, como se ha dicho, es apropiado para los tocones y se puede practicar, por ejemplo, después de la poda.

Los injertos deben hacerse en primavera, cuando la savia de los árboles empieza a movilizarse lo cual favorece el arraigo de la estaca. Si en los primeros intentos esto no sucede, no hay que desanimarse; es muy probable que el fracaso no se deba a haber hecho mal el injerto, sino a las condiciones específicas del árbol. En los injertos hay muchos factores que pueden ser determinates: el clima imperante en el momento, la salud del árbol que provee la estaca y la del que la recibe y, por supuesto, la mano del hombre.

Para realizar un injerto con éxito, es imprescindible que la savia fluya por las ramas del árbol, que su período vegetativo sea activo, lo cual ocurre en primavera.

La selección de la estaca es otro factor importante, ésta debe tener las yemas en muy buen estado y presentar, en general, un aspecto saludable.

Como en todo trabajo que implique infligir heridas a un árbol, en el injerto también

▲ Los injertos se efectúan en primavera, cuando el árbol está en su período vegetativo y la savia fluye por sus ramas.

se deberá tener en cuenta que las herramientas de corte deben estar perfectamente limpias y afiladas para evitar cualquier tipo de infección o daño.

Elementos necesarios para hacer un injerto

Antes de ponerse a la tarea, se deberá comprobar que se cuenta con todos los elementos necesarios:

- Cuchillas o tijeras afiladas.
- Cera para injertar.
- Cuerda de esparto o de rafia.
- Cartón antihumedad.

Una vez que se tienen los elementos necesarios, se efectúan los cortes precisos en ambos árboles y unir la estaca al patrón.

Para realizar el injerto es necesario:

116

▲ Ficus carica (higuera) es una especie muy apreciada en los pueblos mediterráneos.

• La estaca y el pie deben ser compatibles.

• Las superficies de corte del árbol receptor y de la estaca deben estar en estrecho contacto. El vástago debe quedar firmemente sujeto.

• Hasta que la savia del árbol receptor no llegue hasta la rama injertada, ésta no recibirá ningún tipo de alimento. Por esta razón es fundamental que se establezca cuanto antes las vías de comunicación con el árbol receptor, a fin de que éste le haga llegar las sustancias nutritivas.

La estaca debe estar recibiendo ya la savia para el tiempo en el cual sus yemas empezarían a abrirse.

El estado de salud de ambos árboles debe ser óptimo para que, cuando las superficies de ambos estén en contacto entre sí, sean capaces de crear un callo, de cicatrizar las dos heridas como si se tratara de una herida común.

Una vez que se ha realizado el injerto, las superficies de corte deberán protegerse para que conserven la humedad necesaria y no sufran el ataque de hongos u otros elementos patógenos. A tal efecto, en el mercado se

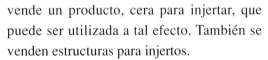

◀ Persica vulgaris *(melocotonero) se cultiva en climas fríos.*

vende un producto, cera para injertar, que puede ser utilizada a tal efecto. También se venden estructuras para injertos.

Si no se quiere recurrir a estos materiales, se puede utilizar cartón y rafia. Lo importante es que los cortes queden bien protegidos y mantengan la humedad necesaria.

Durante el primer tiempo, todo injerto debe ser vigilado atentamente para comprobar si necesita algún tipo de cuidado especializado.

Es bastante frecuente, por ejemplo, que las yemas que se desarrollan por debajo del injerto obstruyan el crecimiento del vástago. En este caso, cortando algunos de ellos se podrá acelerar el desarrollo de la parte injertada.

Otro problema que se puede presentar es que la rama injertada crezca muy rápidamente se haga muy larga pero débil, y con

▲ *Para realizar un injerto es necesario producirle al ejemplar receptor una herida. Ésta puede hacerlo más vulnerable a las infecciones y a las plagas.*

tenden-
cia a quebrarse.

En este caso lo
aconsejable es poner-
le una guía o tutor a fin
de afirmarla, o bien podarla
para que no se desgaje.

Plagas
y enfermedades
de los frutales

Durante el verano, en el momento en que los árboles frutales se encuentran en plena época de desarrollo, cubiertos de hojas y flores o frutos es cuando se producen los mayores ataques por hongos y bacterias. Este tipo de enfermedades es muy común en los frutales, aunque también pueden atacar a otras especies de arbustos y perennes.

En general, las especies que suelen resultar más afectadas son el peral, el melocotonero, el manzano y el ciruelo.

El manzano, el peral y el ciruelo, son muy vulnerables al chancro bacteriano, una enfermedad producida por unas bacterias y que se caracteriza por la aparición de pústulas alargadas, de color claro, que en ocasiones exudan líquido. Éstas aparecen en la corteza de los tallos.

Simultáneamente a la presencia de las pústulas, las hojas comienzan a cubrirse de manchas redondas y oscuras; al poco

tiempo de que se presenten estos síntomas, las hojas se secan.

Los melocotoneros son muy propensos a sufrir el enrollamiento de las hojas. Al principio puede dar la sensación de que estuvieran aumentando de grosor, pero luego se enrollan hacia atrás de una manera muy peculiar, perdiendo sus verdaderas dimensiones. En un período más avanzado de la enfermedad, aparecen unas manchas rojas; finalmente, las hojas terminan por caer.

La merma en la frondosidad también implica una deficiencia en la función fotosintética, por ello el árbol pierde progresivamente su vigor y su fortaleza.

Esto, lógicamente incide en su cantidad y calidad de flores y frutos. Si a esta situación no se le pone remedio, terminará por afectar el melocotonero de forma irreversible.

El albaricoquero, el ciruelo y el melocotonero pueden también resultar afectados por la roya. Los síntomas característicos de este trastorno son unas manchas amarillas que aparecen sobre el haz de las hojas, que son más oscuras en el envés.

▶ *El verano es la peor época para los frutales, tanto por la presencia de hongos, como por la de aves que se alimentan de sus yemas tiernas y sus frutos.*

Otra de las plagas importantes es el oídio, al que se puede reconocer por la capa blanquecina y de aspecto polvoriento que puede llegar a cubrir por completo las hojas y los tallos.

La mejor manera de exterminar toda enfermedad producida por hongos es podar las partes afectadas quitando no sólo las hojas enfermas sino también los tallos.

Una vez cortadas las ramas, deben ser quemada pues en caso de dejarlas en el jardín, se corre el riesgo de que el viento disemine las esporas y el hongo termine por afectar no sólo el árbol que se acaba de podar sino, también, el resto de los ejemplares del jardín.

A la planta se la podrá proteger rociándola con una sustancia rica en azufre. Éstas se pueden adquirir en cualquier tienda especializada.

Sin embargo, a pesar de los grandes esfuerzos que ha hecho la industria por encontrar productos que fueran eficaces a la hora de controlar las plagas de los frutales, lo cierto es que, hasta hoy, lo que resulta más efectivo es el «caldo bordelés», un producto que se puede preparar en casa.

► Los injertos deben ser protegidos para evitar que se infecten. En el mercado se venden productos que ayudan a que el proceso se cumpla sin problemas.

Flor de Cidonia sp. (membrillo).

Prevención de enfermedades de los frutales

En otoño ya se pueden tomar medidas para evitar que los hongos ataquen los frutales en la siguiente temporada.

Hay muchas maneras de prever este problema, pero el primer objetivo es impedir que las esporas infecten las yemas y la corteza del árbol.

Se puede fumigar con productos a base de azufre pero, como ya se ha dicho, lo más efectivo hasta el momento es el caldo bordelés.

◀ *El caldo bordelés se puede conservar en una garrafa de plástico y se aplica con un pulverizador.*

Este caldo hay que comenzar a aplicarlo con el pulverizador hacia finales del otoño, repitiendo la operación cada dos semanas hasta la llegada de la primavera.

Como los hongos y las bacterias se propagan con mucha rapidez, también es importante mantener muy limpias las herramientas que en verano hayan estado en contacto con ejemplares enfermos, con tallos y hojas.

Para mantenerlos asépticos hay que lavarlos con agua caliente y jabón, quitándole cualquier tipo de adherencia u óxido con un cepillo de raíces. Una vez que las herramientas hayan sido lavadas de este modo, se procederá a secarlas y, finalmente, a espolvorearlas con un fungicida.

A la hora de tratar con bacterias y hongos patógenos, siempre hay que recordar que unos ejemplares se pueden contagiar de otros; por esta razón, no conviene manipular los ejemplares enfermos con guantes de jardinería, ya que en ellos pueden quedar esporas que se depositen sobre ejemplares sanos, infectándolos. Lo correcto es utilizar guantes desechables, uno por cada planta.

Si esto no es posible, es preferible trabajar con las manos desnudas en cada ejemplar y, una vez finalizada la tarea, lavárselas muy bien, con agua, jabón y un cepillo antes de tocar otro ejemplar.

Con respecto a estos hongos no hay nada que temer ya que afectan a los vegetales pero no al hombre.

Preparación del caldo bordelés

Esta es una preparación que combina la acción profiláctica de dos potentes microbicidas: el sulfato de cobre y la cal.

• FÓRMULA CLÁSICA DEL CALDO BORDELÉS.

> 100 g de sulfato de cobre
> 70 g de cal viva
> 10 l de agua

• DISOLUCIÓN DEL SULFATO DE COBRE. En un recipiente de plástico (nunca de metal), diluir 100 g de sulfato de cobre en 1 litro de agua, pero esta operación hay que hacerla de una forma precisa.

Si los cristales de sulfato se echan en el agua, se van al fondo y unos pocos se van a diluir.

Como la solución de sulfato de cobre es más densa que el agua, ésta rodeará los cristales e impedirá que puedan disolverse en el agua.

Lo mejor es envolver los cristales en una tela de arpillera y colgarla de un hilo de modo que esté a flor de agua. A medida que se disuelvan, la solución irá hacia el fondo.

•APAGADO DE LA CAL. En un recipiente de plástico apagar 70 g de cal viva en 0,8 l de agua (80 dl). Una vez que ha sido apagada, dejar en reposo hasta que la solución esté completamente fría. Añadirle el resto del agua hasta completar los 9 l.

Es muy importante esperar a que se haya enfriado totalmente antes de agregar el agua, pues si se hace mientras la cal se está apagando, el proceso se altera y el resultado final no es el mismo y podría perjudicar al árbol.

▶ *Es necesario quitar las partes enfermas del árbol para que las infecciones no se extiendan a toda su estructura o a otros ejemplares. Conviene hacer esta operación usando guantes.*

Una vez que se han completado los 90 litros, hay que remover con un palo y, después, filtrar con una malla fina de metal o con un trozo de tela de arpillera, pues la cal contiene muchas impurezas, como arcillas endurecidas, propias de los terrenos calizos.

Esta operación es muy importante ya que el caldo bordelés es apropiado para utilizarlo en un pulverizador; si se dejan en la cal estas impurezas, se corre el riesgo de que el pulverizador se atasque.

• MEZCLA. Una vez obtenidas las dos soluciones, se vierte la de sulfato de cobre sobre la de cal (no hacerlo nunca en el orden inverso

▲ *La maduración de los frutos se produce en diferentes momentos del año, según la especie.*

porque el resultado no sería el mismo). Remover durante un buen rato la mezcla.

• APLICACIÓN. Una vez preparado, se llena con esta solución un pulverizador y se fumiga con él los árboles.

Es importante advertir que, en el caso de que éstos sean cítricos, hay que tomar una precaución más: introducir en la solución final obtenida un papel tornasol con el objeto de medir el grado de acidez.

Si éste sale rojizo, quiere decir que la solución es ácida y eso podría perjudicar seriamente a los cítricos. En este caso, la solución es apagar un poco más de cal y, una vez fría, incorporarla a la solución para hacerla más neutra.

Maduración de la fruta

No todos los frutales presentan la fruta madura al mismo tiempo; la mayoría lo hace

▲ *Para conseguir frutos de mejor calidad se pueden podar algunas ramas y retirar algunos de los que estén aún verdes. De este modo los que queden tendrán acceso a más nutrientes.*

en verano, pero otros, en cambio, muestran sus frutos hasta casi concluir el otoño.

Con respecto al tamaño, los hay que los poseen pequeños y ligeros, como *Amygdalus communis* (almendro) o *Prunus avium* (cerezo), mientras que los frutos de otros, como *Prunus persica* (melocotonero) o *Malus domestica* (manzano), son de un tamaño considerablemente grande.

El peso de los frutos es importante ya que, si una rama está muy cargada, podrían troncharla. Conviene vigilar a aquellos árboles que tienen frutos grandes a fin de ponerles algunos elementos de sujeción a las ramas en caso de que las necesitaran; en este sentido, el método más práctico consiste en instalar debajo de la rama un soporte hecho con una vara o rama que termine en forma de horquilla, sobre la cual va la rama y apoyar el otro extremo en el suelo.

Para no producir daños en la corteza de la rama que se quiere sujetar, conviene utilizar una horquilla que no sea excesivamente estrecha, ya que si es ancha el peso de la rama se distribuirá sobre una superficie mayor, y forrar la zona de contacto con la rama por un material acolchado: caucho, tela, etc.

▲ Hay árboles de crecimiento muy lento, como el Juglans regia (nogal), que llegan a alcanzar grandes dimensiones.

Otra opción, tal vez más práctica, es aclarar las ramas de frutos mientras éstos se están desarrollando.

Si se quitan algunas ramas y se retiran algunos frutos, los que queden tendrán una calidad muy superior, ya que contarán con más espacio para desarrollarse, por un lado, y con más nutrientes, por el otro.

Recolección de los frutos

La mayor parte de la recolección de los frutos se hará entre el verano y el otoño.

Entre los de maduración más tardía se pueden nombrar: albaricoques, naranjas, uvas,

▲ Los árboles con un exceso de frutos pueden poner en peligro sus ramas, si éstos no son recogidos a tiempo.

▲ *Fruto de Cidonia vulgaris (membrillero).*

membrillos, peras y manzanas; todos ellos se recolectan en el otoño.

La forma en que se debe separar la fruta del árbol dependerá de la especie de que se trate. Hay básicamente dos modos de recolectar los frutos:

• RECOGIDA DEL FRUTO CON LA MANO. Los limones, naranjas, membrillos, albaricoques y melocotones, pueden ser extraídos directamente con la mano pues éste se desprende fácilmente.

• RECOGIDA CON TIJERAS DE PODAR. El resto de los frutos, como las vides, manzanas o peras, hay que extraerlo cortando el pedúnculo con unas tijeras de podar.

De no hacerlo de este modo, se corren riesgos de provocar desgarros innecesarios en las ramas o en los frutos.

Si hablamos de uvas, es recomendable cortar el racimo completo.

Cuando se recojan las manzanas y las peras, bastará dejar un corto rabillo a las frutas. Los árboles sanos, que han recibido la luz, agua y nutrientes necesarios, producirán una gran cantidad de frutos. Muchos de éstos serán comidos en el momento en tanto que otros, deberán ser conservados.

Si los frutos se quieren conservar durante mucho tiempo, será necesario prepararlos en mermeladas o bien congelados.

Si lo que se quiere es tener una buena provisión de fruta para consumir semanalmente, bastará envolver cada pieza en un trozo de papel bien absorbente (puede servir el papel de periódico) o bien colocarlas en el frigorífico.

Aunque los frutos no se vayan a comer, es conveniente retirarlos del árbol a medida que maduren, porque de este modo no ejercerán peso sobre las ramas ni consumirán nutrientes.

▲ *No todos los frutos son comestibles pero, aun así, conviene retirarlos del árbol una vez que hayan madurado.*

Estanques, terrazas, y jardines acuáticos

Estanques y jardines acuáticos

Terrazas y balcones

El entorno del jardín

Estanques y jardines acuáticos

▲ Antes de ponerse manos a la obra en la construcción de un estanque es imprescindible decidir su profundidad así como el aspecto final que se procure.

POCAS COSAS HAY que vistan tanto a un jardín como los estanques y jardines acuáticos. Estos rincones son lugares en los que se procura recrear el entorno natural con la mayor fidelidad posible. En ellos pueden convivir plantas acuáticas junto con peces, y su diseño y decoración utiliza diversos tipos de materiales y piedras que contribuyen a crear un aspecto en el cual pareciera que la mano del hombre no hubiera participado.

El terreno para el estanque

A la hora de instalar un estanque en el jardín, deberá decidirse con anterioridad la profundidad que va a tener y la forma que va a adoptar.

La variedad de construcciones de este tipo es muy grande y es mejor tener claro qué resultado final se pretende, ya que el terreno para un estanque en cascada deberá tener un tratamiento diferente al de un estanque en un solo plano.

También es necesario estudiar las características del terreno donde será emplazado, ya que éste debe ser lo suficientemente firme como para que no produzca deslizamientos y tendrá que estar convenientemente nivelado para que sea consistente.

Lo más recomendable es aprovechar los accidentes del terreno para darle la forma más adecuada ya que, de esta manera, la armonización con el entorno está prácticamente asegurada.

Además, de esta manera es posible ahorrarse mucho trabajo.

Hay dos modos básicos de hacer el estanque:

• EXCAVACIÓN. Excavando un hoyo en la tierra con las dimensiones exactas que se han decidido.

• ELEVACIÓN DEL SUELO. Elevando el nivel del suelo utilizan-

◄ Cyperus papirus (papiro) es una especie que vive prácticamente en la superficie.

▲ *Si el estanque cuenta con un flujo constante de agua es necesario planificar cuidadosamente su recorrido teniendo en cuenta la pendiente del terreno.*

do piedra, cemento y tierra, a fin de construir las paredes del estanque.

Independientemente del método que se elija para hacer el estanque, lo que es muy importante es que su contorno quede alineado con la horizontal.

Es conveniente que el estanque tenga un pequeño reborde, precisamente para prevenir desbordamientos o la caída de objetos en su interior.

Si el estanque tuviera un constante flujo de agua, habrá que instalar previamente un sistema de conducción. El recorrido que tenga este sistema deberá ser analizado y delimitado cuidadosamente en función del terreno, ya que si el desnivel no es suficiente el agua puede estancarse o, por el contrario, desbordarse.

Materiales y accesorios

En relación al material con el cual están construidos, se puede afirmar que hay cuatro tipos de estanques:

• ESTANQUES APISONADOS. Se trata de estanques grandes, que utilizan el mismo suelo sin necesidad de añadirle nada; a lo sumo algunas piedras en el fondo. Muchas veces surgen de depresiones naturales del terreno.

No suelen tener sistemas de filtrado pero sí cascadas o surtidores que sirven para remover el agua.

• ESTANQUES PREFABRICADOS. Son grandes recipientes, como las piscinas, construidas de un material impermeable que no deja pasar el agua. Los hay de muchos tamaños diferentes, de modo que antes de adquirirlo será necesario tomar muy bien las medidas del terreno y del espacio que se le quiera destinar.

• ESTANQUES DE LONA. Otra forma de estanques la constituyen los que se construyen con una lona muy gruesa y flexible. Con ella se forra un terreno de modo que pueda ser llenado con agua. Tienen la ventaja de adaptarse, en los bordes, con total naturalidad.

▲ *Para prevenir desbordamientos o que el viento barra hojas u otros elementos al interior del estanque, conviene que éste tenga un borde a su alrededor.*

▶ *Los estanques y jardines acuáticos constituyen un hábitat donde conviven diversas especies de plantas con una gran variedad de animales.*

Lo importante es utilizar un material resistente, que pueda soportar las heladas y los días muy calurosos. Como norma general, la lona debe tener, como poco, 0,8 mm de grosor.

Una vez hecho el estanque, se cubre con piedras y otro material para dar un aspecto natural al paisaje.

• ESTANQUES DE CEMENTO. En estos estanques se hacen con ladrillos o piedra y se cubren de cemento.

Como se ha visto en el punto anterior, se pueden construir cavando el terreno o, por el contrario, levantando las paredes.

▲ *En primavera y verano, el brillante y lustroso verde de las hojas combina a la perfección con los delicados o vivos colores de las flores.*

Los estanques son como pequeños ecosistemas que deben mantenerse limpios y perfectamente oxigenados.

Si bien esta es una labor que no se puede dejar en manos de la naturaleza, hay en el mercado diferentes dispositivos que son una gran ayuda, sobre todo a la hora de mantener el estanque perfectamente limpio:

• BOMBAS Y MOTORES. Las bombas son uno de los elementos más importantes ya que son las que se encargan de mover y el agua, de crear corrientes dentro del estanque.

El tamaño de la bomba deberá estar en consonancia con el del estanque. Una bomba grande, que mueva el agua enérgicamente, no siempre es mejor que una pequeña, ya que los peces prefieren un movimiento más tranquilo, por una parte y, por otra, el agua pasará con demasiada velocidad por los filtros y no quedará perfectamente limpia.

Hay dos tipos de bombas: internas y externas. Las primeras consumen menos electricidad pero su limpieza debe ser más frecuente.

Las bombas externas se suelen utilizar para estanques medianos o grandes.

Los modelos son muchos y las prestaciones que dan, también. Es necesario estudiar cuidadosamente el tipo que se va a elegir en función del tamaño, forma y localización del estanque.

• FILTRACIÓN. En un estanque se realizan dos tipos de filtraciones, básicamente: la filtración de soporte vegetal y la filtración biológica.

La primera la realizan básicamente las plantas que se encuentran en el estanque. La efectúan consumiendo los elementos nitrogenados del agua, que constituyen un abono.

Cuantas más plantas haya en el estanque, más rápidamente se realizará el filtrado; pero esta cantidad deberá estar en relación con el volumen de agua que contenga. Como este sistema de filtración es lento, se ayuda con filtros mecánicos.

La filtración biológica se hace por medio de bacterias nitrificantes que no afectan negativamente la salud de las plantas y los peces, sino que les beneficia.

En los estanques que ya están asentados, que llevan tiempo, estas colonias de bacterias están siempre presentes.

Además de estos sistemas vivos de filtración, también hay filtros mecánicos de diversos tipos.

El mantenimiento que se les debe dar es quitar, cada tanto, las partículas que han quedado retenidas.

El modelo que convenga adquirir estará de acuerdo con el tipo de estanque se quiera y con la cantidad de agua que tenga.

• CESTAS Y MACETEROS. Cada planta que se ponga en un estanque tendrá sus características específicas: tamaño, velocidad de crecimiento, necesidades, etc.

Por esta razón, ponerlas todas las plantas mezcladas puede ser engorroso a la hora de hacer las labores de mantenimiento. Para evitar estas mezclas se venden en el mercado tiestos especiales para estanques. Son cestas plásticas que permiten que el agua entre y salga de ellas empapando las raíces. Son la mejor solución para planificar el desarrollo de un estanque.

• REDES TELESCÓPICAS. Son mallas que permiten retirar objetos del estanque sin necesidad de entrar en él.

▲ En el entorno acuático conviven bacterias, peces, anfibios y aves junto con hermosas especies vegetales.

Las hay de muchas formas y tamaño; algunas son apropiadas para retirar peces, otras para quitar las hojas y algas no deseadas, y unas terceras, de malla más fina, para retirar de la superficie elementos muy pequeños como, por ejemplo, las larvas de mosquitos.

• PROYECTORES SUMERGIBLES. Los hay de todo tipo y potencia; sin embargo, no conviene que ésta sea muy grande ya que tanto plantas como animales deben tener sus tiempos diurno y nocturno.

Resultan interesantes las luces flotantes: se mantienen en la superficie, tienen poca potencia y crean unos hermosos efectos.

Construcción del estanque

El momento más adecuado para comenzar con los preparativos de la instalación de un estanque es la primavera; una vez que hayan cesado los fríos invernales.

Antes de ponerse manos a la obra, es recomendable que se planifique al detalle toda la obra que se quiere hacer y adquirir los elementos necesarios para hacer el estanque.

La mejor opción para hacer la estructura es el cemento y la piedra; pero si no se quiere hacer obra, se puede optar por una piscina de fibra plástica, prefabricada y rígida. Las hay que tienen desniveles y márgenes irregulares que le confieren una mayor naturalidad.

Como se ha explicado, otra posibilidad es utilizar plástico flexible para hacer el estanque con las dimensiones y formas que se quieran.

La primera de las opciones es difícil de llevar a cabo a menos que se tengan conocimientos de albañilería; pero las dos últimas se pueden efectuar sin mayores problemas.

El primer paso es cavar un hoyo en el jardín con la profundidad que se le quiera dar y bien nivelado. Si se ha elegido la piscina prefabricada de fibra plástica, el pozo deberá tener unas medidas muy precisas y una vez instalado el estanque, será necesario rellenar los huecos con tierra.

Una vez que el recipiente ha quedado firme, es conveniente dedicar un poco de tiempo a adornar los bordes. Esto se hará con tierra, piedras, plantas, etc., de manera que el material plástico que se ha utilizado no quede visible.

Una de las mejores soluciones es poner en todo el perímetro del estanque, piedras grandes y chatas, mezcladas con otras pequeñas y arena. Se las puede fijar con pasta de cemento. Sin embargo las posibilidades son

▲ Las labores de mantenimiento resultan más fáciles si las especies del estanque están separadas. A este fin se venden en el mercado tiestos especiales.

CONSTRUCCIÓN DE UN ESTANQUE

Después de elegir el lugar donde se quiere asentar el estanque, se debe cavar un pozo con la profundidad que se haya planificado. Una vez hecho esto, se cubrirá el fondo con un material de protección, extendiendo su borde hasta las orillas.

Una vez que se ha extendido el material de modo que adopte la forma que se ha dado al estanque, se procederá a llenar el hueco con agua. Los trozos que sobren de la lámina plástica deberán ser cortados.

Los bordes se pueden decorar con trozos grandes de pizarras, con piedras o con el material que se desee. Además de dar un aspecto impecable al estanque, sirven de sujeción a la lámina plástica. Hecho esto, sólo queda introducir en él las plantas.

▲ *Los estanques y jardines acuáticos son lugares en los que se puede reconocer rápidamente el criterio estético y el buen gusto de su creador. Si el terreno en el que se construye presenta desniveles, se pueden crear con ellos los más sencillos o sofisticados escenarios.*

múltiples, sólo hay que emplear la imaginación y el buen gusto.

Una vez que el borde esté listo y haya fraguado, en caso de haberse utilizado cemento, se procederá a introducir en el estanque las plantas acuáticas y a llenarlo de agua.

Si lo que se quiere poner es una lámina de plástico flexible, antes de instalarla será necesario revisar muy bien el hoyo y retirar de él las piedras u objetos cortantes que pudiera haber. Si es necesario, se puede poner una capa de arena para que sirva de amortiguador.

A este fin, también puede utilizarse un trozo de moqueta vieja u otro tipo de protector y luego asentar, sobre éste, la lámina de plástico.

También se puede proteger, de la misma manera, el borde del estanque.

Una vez puesta la arena, la moqueta o la protección que se haya elegido, se deberá acoplar el extremo del rollo de plástico al borde del agujero y sujetarlo con piedras, ladrillos o cualquier otro peso y proceder a extender la lámina sobre el hoyo que se ha cavado.

Es necesario que se extienda perfectamente sobrepasando los bordes de modo que quede, alrededor del estanque, una longitud de un metro de lámina plástica para que no quede corto cuando se empiece a llenar con agua.

Es necesario mantenerlo pegado a las paredes y al fondo.

Una vez que la lámina ha quedado completamente ajustada a los laterales del hueco, se procederá a recortar el plástico sobrante, de modo que sólo sobresalga unos 30 centímetros, alrededor de la piscina.

Los bordes de plástico deben ser cubiertos con piedras y tierra, que se unirán con cemento a fin de darles una mayor consistencia.

Uno de los materiales más adecuados para los bordes es la pizarra; una piedra resistente, de aspecto rústico y de forma aplanada. Una vez que el material se ha asentado y que el cemento ya está seco, se procederá a llenar el estanque con agua.

Instalación de plantas en el estanque

A la hora de instalar plantas en el estanque, hay que tener en cuenta una serie de problemas y puntos básicos que serán los que garanticen el crecimiento saludable de las especies vegetales y de los peces que se puedan utilizar. Uno de estos problemas es evitar que las macetas floten o que el compost que tienen dentro se pierda.

El mejor modo de mantener las plantas en un estanque, es introducirlas en las macetas, tiestos o cestas que se venden a tal fin; ya sean las construidas con malla metálica o las de plástico. Este tipo de tiestos, además de encontrarlas en las tiendas especializadas, también se pueden confeccionar, aprovechando incluso materiales en desuso como es el caso de malla metálica que haya sido utilizada para cercar el jardín.

Bastará con darle forma al material de manera que pueda contener el cepellón de raíces de cada una de las plantas. Antes de poner ésta dentro de la cesta, es conveniente proteger el interior de la malla con un trozo de tela para que el contenido no se escape. Luego será necesario poner dentro el compost, preferiblemente de origen vegetal, y, finalmente, plantar el ejemplar.

Una vez instalada la planta, se debe cubrir la superficie de la maceta con grava para evitar que el compost se pierda, por un lado, y para conferir más peso al tiesto de modo que se mantenga pegado al fondo y no flotando en la superficie.

Para asegurarse que no se perderá el compost, conviene atar con alambre los bordes superiores de la malla.

▲ *Los tiestos que contienen las plantas del estanque deberán ser cubiertos por una capa de grava para evitar que suban a la superficie.*

◀ *La especie Myriophyllum no puede ser plantada superficialmente, ya que necesita cierta profundidad para arraigar.*

Si a pesar de haber tomado estas precauciones, a la hora de poner la maceta en el estanque se comprueba que su peso no es suficiente para mantenerla en el fondo, se puede atar un ladrillo o un bloque de cemento en su base para que se pueda mantener en el fondo.

Este sistema también se puede aprovechar para situar las plantas a diferentes alturas: bastará con poner más o menos ladrillos a fin de hacerles con ellos un escalón que las sitúe a un nivel más elevado.

A la hora de distribuir las macetas es necesario tener en cuenta las características específicas de cada planta. Por ejemplo *Zantedeschia aethiopica* (cala) y *Cyperus papirus* (papiro), pueden vivir perfectamente a ras de la superficie, en tanto que *Nymphaea sp.* (nenúfar) y *Myriophyllum verticillatum* (filigrana menor) necesitan estar a una mayor profundidad para poder prosperar.

Las plantas se pueden instalar en verano, que es una buena época para que arraiguen y se aclimaten, antes de que empiece el frío.

Escasas necesidades del estanque

Si el estanque ha sido bien instalado, si los tiestos tienen el peso suficiente para no flotar y el borde se ha cimentado debidamente, el cuidado del estanque es muy sencillo. No es necesario abonar, ya que las plantas tienen suficientes nutrientes con el compost y los que se generan con el agua estancada.

Si el estanque posee un suelo artificial, lo mejor es retirar todos los restos vegetales que caen en el agua para que ésta se mantenga lo más limpia posible. En caso de que en el estanque se añadan peces, las labores de limpieza se hacen imprescindibles.

Las plantas que se ponen en los estanques no necesitan riego, aunque sí hay que contar, sobre todo en verano, con el agua que se evapora; de ahí que en épocas muy cálidas en las que no haya lluvias, haya que preocuparse por rellenarlo manteniendo el nivel adecuado del agua.

Es preferible no utilizar agua clorada y si se va a usar la de la red, antes de echarla en el estanque hay que dejarla un día completo en un recipiente para que los restos calcáreos se depositen en el fondo y el agua quede más limpia.

▲ *Algunos anfibios y reptiles se adaptan a la perfección al microclima creado en el estanque y no resultan en absoluto perjudiciales para las plantas.*

▲ *Una vez cada dos años es necesario renovar completamente toda el agua del estanque, aunque, en algunos casos, esta labor deberá ser realizada anualmente.*

Limpieza y renovación del agua

En los estanques que no tienen dispositivos que la mantengan la corriente en constante movimiento, o los que carezcan de sistemas de renovación del agua, ésta pierde paulatinamente su calidad ya que permanece acumulada en un lugar cerrado.

La falta de ventilación y elementos como las hojas muertas que caen en su superficie, ensucian el agua y facilitan la proliferación de algas y bacterias que se adhieren a los elementos sumergidos y, sobre todo, a las paredes del estanque.

▶ *Nymphae sp. (nenúfar) se puede plantar en verano, porque es la mejor época para arraigar.*

Por ello es importante renovar completamente el agua aunque sea una vez cada dos años. En algunas circunstancias esto no será suficiente y esta tarea deberá llevarse a cabo anualmente.

El momento más indicado para efectuar la renovación del agua es a finales del invierno, cuando las plantas se encuentran en período de reposo y próximas al resurgimiento primaveral.

Es necesario vaciar por completo el estanque, ya sea ayudándose con el desagüe o bien empleando una bomba de succión.

Una vez que el agua haya salido totalmente, se observará que las plantas erguidas se mantienen en pie, mientras que las flotantes se depositarán en el fondo del estanque.

En esta situación no pueden quedarse durante mucho tiempo, por ello es importante realizar la limpieza lo más rápido posible para no causarle a las plantas un daño mayor del estrictamente necesario.

Las paredes y el fondo del estanque se deberán limpiar con un cepillo, quitando todo el material que se haya incrustado en ellos. No se deberán utilizar para esta tarea productos químicos ni jabón.

En todo caso, si se dispone de un desagüe, las paredes se pueden enjuagar con ayuda de una manguera.

Si el estanque tuviera un fondo arenoso, la capa superficial se puede reemplazar por otra nueva y limpia.

Si la primavera está próxima, éste será el momento más indicado para introducir en el estanque los nuevos ejemplares antes de volver a llenarlo de agua.

Reparación de desperfectos

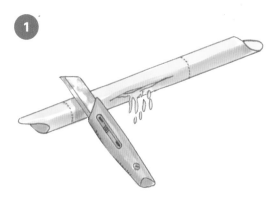

Para arreglar una manguera que se ha roto, lo primero que hay que hacer es cortar el trozo que presenta el tajo.

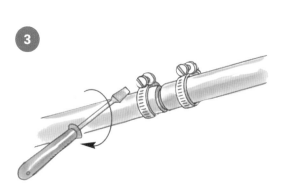

Colocar abrazaderas en los extremos que se quieren unir e introducir en ellos un trozo de cañería de cobre.

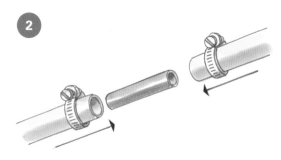

Unir los dos trozos de goma y, finalmente, apretar fuertemente las abrazaderas con la ayuda de un destornillador.

En los estanques se pueden producir varios tipos de años: filtraciones, roturas, pérdida de ejemplares, etc.

Sabiendo esto de antemano, es preciso vigilar periódicamente el estado de los elementos que son más propensos a deteriorarse: los desagües, los bordes o paredes construidos con cemento, el motor de agua, las especies que tienen raíces y tallos sumergidos, se encuentran entre los más importantes.

El mejor momento para realizar las reparaciones es a finales del invierno, ya que se puede aprovechar para hacer, también, un cambio de agua; sobre todo si es necesario arreglar desperfectos en las paredes o en el fondo.

Sin embargo, es necesario verificar primero que ya no habrá más heladas hasta la siguiente temporada. Si el estanque cuenta con un motor de agua sumergido, será necesario retirarlo antes de que comiencen las heladas pues el hielo podría estropearlo.

Una vez que se ha sacado del estanque, se puede aprovechar para hacerle una limpieza y revisión completas.

Como estos motores tienen juntas de goma, no pueden estar mucho tiempo fuera del agua ya que en ambiente seco tienden a cuartearse y estropearse; por esta razón, el motor deberá ser guardado en un recipiente con agua o, si se deja en el estanque, tendrá que ser protegido con un envoltorio aislante.

Puede ser un trozo de tela o moqueta gruesa o bien una manta vieja. Así envuelto podrá ser colocado en el estanque, procurando que no quede al nivel de la superficie ya que es ahí donde tendrá más posibilidades de ser afectado por el hielo.

Introducción de nuevos ejemplares

El momento más adecuado para introducir en el estanque nuevos ejemplares es la primavera. Algunas son más apropiadas para las orillas, otras para el centro o para diferentes tipos de estanques.

En los márgenes conviene poner plantas de follaje intenso y desarrollo rápido; en este sentido conviene adquirir matas de *Cyperus papirus* (papiro), cuya floración no es muy llamativa pero que, en conjunto, resultan muy estilizadas y bellas.

Otras especies posibles para las márgenes son *Zantedeschia aethiopica* (cala) e *Iris pseudocorus* (lirio amarillo), pero a diferencia del papiro éstas tienen flores muy llamativas, de gran tamaño y vistosidad.

Las calas tienen flores blancas, en forma de copa cónica y las segundas, muestran un sorprendente color amarillo.

El interior del estanque se puede adornar con plantas flotantes, muchas de las cuales tie-

▲ *La renovación del agua del estanque es imprescindible para el desarrollo de los nenúfares.*

nen hojas con distintos e intensos tonos de verde.

Algunas tienen hojas con formas delicadas, como *Lemma sp.* (lenteja de agua), cuyo aspecto hace honor al nombre, son pequeñas y redondas; o *Pistia stratiotes* (lechuga de agua), que puede cubrir, con sus rosetas de hojas, todo el estanque.

Otra nota de color puede ponerse con *Azolla caroliniana* (helecho acuático) que tiene un tamaño diminuto y un tono ligeramente rojizo. Pero la planta más idónea para todo estanque

CONSTRUCCIÓN DE UN PARTERRE

Los parterres construidos con pequeños troncos de madera pueden resultar sumamente decorativos, siempre y cuando los tocones mantengan la misma altura. Ésta se puede igualar poniendo sobre ellos un tablón y golpeando sobre éste a fin de enterrar más los que sobresalgan.

es *Nymphaea sp.* (nenúfar), cuyas hojas redondas y flotantes combinan a la perfección con sus hermosas flores.

El cuidado de las plantas del estanque

En el estanque ocurre lo mismo que en el resto del jardín: a medida que crecen las plantas y brotan tallos, hojas y flores, las partes más viejas se van marchitando y quedan flotando en el agua.

Aunque las hojas y las flores muertas deban retirarse del agua con la mayor celeridad posible, es durante el verano cuando conviene brindar cuidados especiales destinados a mantener los ejemplares lo más prolijos y bellos posible.

Las hojas, los tallos y las flores que se estropeen, no deben intentar quitarse con la mano; es preferible hacerlo con unas tijeras o un cuchillo afilado a fin de no dañar el ejemplar.

Si no se puede llegar a algunas zonas del estanque con la mano, siempre puede fabricarse un prolongador para utilizar las tijeras a distancia.

◀ Iris pseudocorus *(lirio amarillo) se cultiva en los márgenes del estanque.*

Consiste en unir la herramienta, por uno de los mangos a un palo utilizando para ello cinta adhesiva, esparadrapo o cuerda. A continuación, se pasa una cuerda por los dos ojos de la tijera y se ata al mango que ha quedado libre.

A la hora de ser utilizado, habrá que asir la herramienta por la vara de prolongación y tirar de la cuerda con un golpe seco para accionar eficazmente las cuchillas.

Uno de los problemas que podrían presentarse es que las plantas flotantes proliferen con excesiva rapidez cubriendo toda la superficie del estanque. Esto acarrearía problemas a las que están sumergidas y estropearían el aspecto general del estanque. Si se presenta este trastorno, lo que hay que hacer es retirar la cantidad de ejemplares o tallos que parezcan sobrar.

Las plantas acuáticas que tienen mayor velocidad de crecimiento en verano son *Lemna sp.* (lenteja de agua), *Myriophyllum verticillatum* (filigrana menor) y *Azolla carolliniana* (helecho de agua).

Protección contra las heladas

El estanque es, sin duda, el punto más vulnerable del jardín frente a las heladas.

Por una parte, la creación de una superficie de hielo puede afectar gravemente a los peces que haya en él, así como a las plantas.

También los motores se pueden deteriorar con los cambios de temperatura. Pero puede ocurrir que la misma estructura del estanque se resquebraje si la helada que se produce es lo suficientemente grave.

▲ *Los nenúfares son las plantas más idóneas para embellecer el estanque.*

Cuando el agua alcanza el punto de congelación, aumenta su volumen. Si la masa de agua es considerablemente grande y se encuentra encerrada en un recipiente rígido, al expandirse presiona fuertemente las paredes de su continente. Si esto ocurre en un estanque, podría resquebrajarse; sobre todo si está construido con materiales rígidos como la piedra o el cemento. Luego, una vez que se produce la descongelación, por las grietas que se han creado habrá pérdidas de agua más o menos importantes. Por lo general, las fisuras se suelen producir en los bordes, que es el lugar más propenso a estar en contacto con el agua congelada.

Una forma de evitar estos resquebrajamientos es incorporar en el estanque algunos elementos que absorban la presión del hielo. Si se colocan flotadores de contorno flexible o con suficiente rigidez como para romperlo, se evitarán las grietas. Como remedio contra este problema se venden en el mercado patitos de goma, madera o plástico que resultan, además, decorativos. También se puede optar por poner dentro del estanque un tablón de madera, que se podrían cortar con formas decorativas o pintarse a tal efecto, o bidones herméticamente cerrados que puedan flotar. Si se comprueba que en el interior del estanque hay hielo, lo que conviene es romperlo a fin de que se mantenga el estado original del lugar.

El mayor peligro se presenta cuando las temperaturas bajo cero se prolongan durante muchos días porque la capa de hielo se hace progresivamente más gruesa y ejerce una mayor presión contra las paredes del estanque.

Otro problema que acarrea el hielo es los daños que produce en las plantas semisumergidas; algunas quedan tan afectadas que llegan, incluso, a marchitarse por completo.

Los peces resultan también afectados por las heladas; no sólo por el enfriamiento que se produce en su medio natural sino, además, porque la capa de hielo que se forma en la superficie del estanque, impide el intercambio normal de oxígeno con el aire, tan necesario para que estos animales puedan respirar. Si se esperan temperaturas muy bajas, se aconseja cubrir por la noche la superficie del estanque para evitar, en la medida de lo posible, que el agua se congele.

Esto se puede hacer con un trozo de lona o con una malla de plástico o cañizo que servirán para amortiguar el frío.

TERRAZAS Y BALCONES

LAS TERRAZAS Y BALCONES son lugares ideales para cultivar plantas de exterior de todo tipo y color.

En verano pueden lucirse llenos de flores y pueden dar, durante todo el año, un toque verde de vida a las diferentes habitaciones de la casa.

Preparación de los balcones

En los balcones son típicas las jardineras; tiestos cuya forma está adaptada para que sean situados en el borde, junto a las rejas.

Estas jardineras deben tener la tierra apropiada para poder albergar la especie que se quiera plantar en ella. Para las plantas bulbosas y de temporada, el mejor sustrato es el formado por una parte de arcilla y dos de compost, mezclados homogéneamente.

Para las plantas perennes o arbustos se puede utilizar también esta mezcla o bien tierra negra, pero siempre es recomendable cubrir la parte superior de la jardinera con una capa de mantillo que garantice a la planta los nutrientes que necesita.

Un aspecto muy importante es el drenaje ya que si éste es deficiente, el encharcamien-

▲ *El mundo vegetal presenta una variedad tan grande de especies que permite decorar cualquier rincón de la casa con ellas. Sólo es cuestión de escoger las más aptas para cada rincón teniendo en cuenta sus necesidades de luz, temperatura, humedad y nutrientes.*

▲ Las jardineras deben tener un buen sistema de drenaje y, además, una tierra que sea apropiada para la especie que se desee plantar en ellas.

to del agua provoca la pudrición de las raíces y, con ello, la muerte de la planta. Las más propensas a sufrir estos trastornos son las bulbosas y algunas coníferas.

En los arbustos el drenaje se debe preparar poniendo una capa de arena y grava en el fondo de la jardinera.

En las bulbosas, en cambio, bastará con poner una capa de arena en la tierra antes de depositar sobre ella el bulbo o el tubérculo.

Todos los recipientes que se utilicen para albergar plantas, del tipo y especie que éstas sean, deberán contar con agujeros en el fondo para poder facilitar la salida del agua excesiva. Estos agujeros se pueden taponar; y con el fin de evitar este problema, hay que poner sobre cada uno de ellos algunos trozos de teja, ladrillo o piedras grandes antes de colocar la tierra.

Distribución ejemplares según características

En la mayoría de las casas, los balcones y las terrazas están colocados sobre diferentes fachadas y esto determina que la cantidad y calidad de luz que recibe cada uno de ellos, sea diferente.

Estas cualidades deben ser tenidas en cuenta a la hora de elegir los ejemplares que se van a poner en cada uno de ellos, pues hay plantas que necesitan muchas horas de sol, y otras se encuentran mejor a la sombra. Hay un tercer grupo, más resistente, capaz de vivir sin problemas en ambos extremos.

Para las terrazas o balcones que estén orientados hacia una zona donde dé mucho el sol, entre los ejemplares recomendables se pueden citar *Petunia sp.* (petunia), *Salvia splendens* (salvia) o *Viola tricolor* (pensamiento).

▲ En la decoración de balcones no sólo cuenta la planta en sí misma sino, también, el efecto estético que produce su combinación con el tiesto.

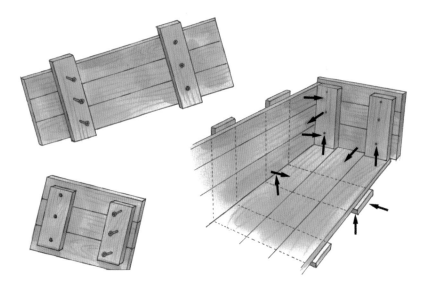

Las macetas de madera son muy prácticas y fáciles de elaborar. En primer lugar se deben construir por separado los laterales, juntando las maderas y uniéndolas con otras transversales. Una vez hecho esto, se juntarán las piezas y se clavarán formando una estructura sólida.

En los lugares sombríos, se pueden emplear ejemplares como *Impatiens sp.* (alegría), *Anemone sp.* (anémona) o bien cualquiera de las especies pertenecientes al grupo de los helechos.

En los balcones que reciban alternativamente sol y sombra, se podrán cultivar *Lupinus sp.* (altramuz), *Antirrhinum majus* (boca de dragón) o plantas perennes como *Hydrangea*

sp. (hortensia) y *Fatsia japonica* (aralia del Japón).

Lo importante es estudiar bien la cantidad de luz que tiene cada lugar y elegir, en función de estas variables, las plantas que mejor se adaptan a estas condiciones.

Elaboración de macetas de madera

Una de las tareas que se pueden hacer en invierno, en un momento en que el jardín y las terrazas no presentan demasiado trabajo, puede ser la fabricación de macetas de madera para ponerlas como jardineras en los balcones y terrazas.

Es necesario tener en cuenta que, al estar en el exterior, estos tiestos deberán ser impermeabilizados para que la madera no se deteriore. Para ello es necesario emplear un barniz que soporte perfectamente los diferentes cambios de estación. También será importante forrarlos con un material impermeable a fin de que no pierdan tierra por las inevitables junturas.

▲ *El punto cardinal hacia el cual esté orientado el balcón será uno de los factores decisivos a la hora de elegir las plantas que albergará.*

▲ *En jardineras de gran tamaño se pueden poner las plantas de temporada sin sacarlas de sus tiestos, para formar con ellas conjuntos de armoniosos colores.*

las esquinas. Éstos no sólo reforzarán la jardinera sino que, también, facilitarán su construcción.

Los lados más cortos están formados de la misma manera, con tres listones horizontales y dos verticales.

Cuando la jardinera esté terminada, se procederá a lijarla barnizarla o pintarla y, por último, protegerla en su interior con una funda impermeable que tenga, eso sí, algunos agujeros en el fondo que faciliten el drenaje.

Riego, abonado y limpieza

Cuando el frío empieza a retirarse y empieza a hacer el buen tiempo, el mantenimiento de las jardineras y tiestos de los balcones exige más atención.

A comienzos de la primavera es necesario abonar la tierra de las plantas perennes para asegurar que tengan los nutrientes necesarios en el suelo a fin de que puedan dar nuevos brotes. El fertilizante más

La construcción de las jardineras es fácil, siempre y cuando se haga paso a paso. En primer lugar, habrá que cortar los listones a la medida más conveniente o bien comprarlos en un almacén de maderas que los entreguen convenientemente cortados.

Para preparar la base y los dos laterales más largos se deben utilizar tres listones largos y dos cortos que se colocarán transversalmente a los anteriores.

Se deben acoplar las paredes al fondo haciendo coincidir los listones cortos de cada lado con los del fondo; de este modo se conseguirá una superficie de contacto sobre la que poner los clavos. Conviene unir primero los vértices de las paredes y, por último, la base.

Para darle mayor seguridad, se pueden utilizar ángulos de hierro que se pondrán en

143

◄ *Antirrhinum majus (boca de dragón) crece en balcones sombríos.*

aconsejable es el mantillo porque es de descomposición lenta y de gran calidad. Es conveniente retirar el mismo volumen de tierra que la cantidad de mantillo que se va a echar, a fin de que las jardineras no se desborden.

Ésta debe ser extraída de la capa superficial pero, al mismo tiempo, se deberá hacer agujeros con un punzón hasta cierta profundidad para que las raíces puedan desarrollarse.

Si alguna maceta ha quedado pequeña o las raíces han crecido en exceso, lo mejor es trasplantar el ejemplar a otro tiesto mayor.

Durante la estación invernal, seguramente habrán perdido su lozanía algunas hojas y tallos; conviene retirarlos para que el resto de la planta se desarrolle vigorosamente.

Esto siempre se hará con tijeras de podar convenientemente afiladas, sobre todo si se trata de plantas leñosas, ya que al hacerlo con la mano corren el peligro de desgajarse.

◀ Impatiens noli tangere (alegría) se desarrolla en ambientes fríos y sombríos.

En cuanto al riego, en primavera comienza a aumentar su frecuencia, que seguirá incrementándose a medida que aumenten los calores con el verano.

En la época veraniega, tanto el riego como el abono deberán ser suministrados de forma continua para que la floración sea abundante. Si el calor no es excesivo, se puede regar con una manguera o regadera todas las plantas del balcón, deteniéndose en cada jardinera. También se puede emplear un riego por goteo; el *kit* de instalación que se vende en las tiendas especializadas hacen que su instalación sea una tarea sencilla.

En los lugares donde el sol sea intenso, no debe regarse durante las horas de mayor luminosidad sino, más bien, a primeras horas de la mañana o tras la caída del sol.

Si el calor fuera excesivo, la tierra puede mantenerse fresca y húmeda poniendo en su superficie trozos de corteza. También puede ser una buena idea colocar guijarros en la bandeja de drenaje. En estos casos, la pulverización de hojas y tallos debe ser frecuente.

Los fertilizantes que se usan en verano es preferible que sean líquidos. Se pondrán una vez a la semana o cada quince días, junto con el agua de riego. Esta frecuencia habrá que calcularla en función de la cantidad de ejemplares que haya en cada maceta o jardinera y de su velocidad de crecimiento. Con un abono suficiente las plantas tendrán abundantes floraciones.

Si las flores empiezan a escasear o el verde de las hojas se hace más pálido, será señal de que la planta necesita más nutrientes.

Sustitución de ejemplares

Hacia finales del verano y principios del otoño comienza la época en que las terrazas y balcones pierden gran parte del atractivo que habían tenido en el verano.

Algunos ejemplares pueden haberse marchitado o haber quedado muy desmejorados, razón por la cual será el momento de renovarlos.

Las plantas que deberán ser renovadas son, sobre todo, las de temporada. También es el período en el que se deben plantar las bulbosas que florecen en otoño e invierno.

Los ejemplares más adecuados para finales de verano, que se pueden adquirir en los viveros, son *Viola odorata* (violeta), *Viola tricolor* (pensamiento), *Primula sp.* (prima-

▲ *Hacia principios del otoño, el jardín, la terraza y los balcones pierden su esplendor y han de ser renovados.*

vera), *Crocus sp.* (crocus) y *Anemone sp.* (anémona), que son las que aún pueden florecer durante el otoño.

En otoño, a medida que se instalen las nuevas plantas, también será necesario renovar el compost.

Junto con las especies de temporadas también se pueden empezar a cultivar otras plantas perennes: *Buxus sempervirens* (boj) o *Ligustrum sp.* (aligustre) en los lugares más soleados y *Aucuba japonica* (aucuba japónica) o *Fatsia japonica* (aralia del Japón) para los más sombríos. Estas plantas deberán ser colocadas de tal modo que no impidan que los rayos solares lleguen a las demás especies.

Deberá cuidarse muy bien la orientación de las terrazas, ya que se aproxima una época de heladas. Los ejemplares más resistentes al frío, se colocarán en las fachadas orientadas al norte.

▲ *Las hojas secas han de ser retiradas del jardín para que la tierra se oxigene.*

El viento

Las plantas más expuestas al viento, las que pueden ser tronchadas con mayor facilidad son los arbustos de tamaño mediano, habitualmente plantados en macetas o jardineras. La manera de evitarlo es ofrecer a estas plantas una sujeción firme.

Según el tamaño del recipiente, el espacio disponible y la forma de la fachada, las posibilidades de proteger a una planta del viento son múltiples. Uno de los riesgos que se corren es que, si la planta es alta y la maceta pequeña, ésta pueda ser derribada.

Las que más expuestas están a que esto suceda son las macetas de contorno redondeado y las jardineras rectangulares, alargadas y estrechas; sobre todo si son de material ligero como el plástico o una delgada capa de arcilla cocida.

Las jardineras requieren una estructura que las sujete a la barandilla. Los portamacetas de hierro y acero, o los soportes que a menudo vienen incorporados a las mismas barandillas, suelen ser muy efectivos siempre y cuando las jardineras tengan el tamaño adecuado a ellos.

Si el balcón es más bien estrecho, las jardineras se pueden acoplar en el exterior de la barandilla; con esta medida se tendrá una sensación de mayor amplitud.

◀ *Anemone sp. (anémona) es un ejemplar que crecen a la sombra.*

▲ *Hay ejemplares que, si están en perfecto estado de salud, resisten sin dificultades las heladas o las nevadas más copiosas.*

En las terrazas grandes las macetas pueden ser de gran tamaño y estar hechas con materiales diversos: cemento, granito, madera, etc.

No suelen presentar ningún problema en los días de viento, ya que su mismo peso es suficiente para que no sean derribadas.

Para que la fuerza del viento no desgaje la planta, se puede atar el tallo principal a la barandilla del balcón, escondiendo las puntas de la cuerda que se haya utilizado entre las hojas. De esta manera, la planta estará mucho más protegida.

Un invierno colorido

▶ *La salvia necesita ser cultivada en zonas soleadas.*

Hay muchas especies que florecen durante el invierno, de modo que es posible poner toques de color en balcones y terrazas, siempre y cuando estén protegidas contra el viento, la lluvia o el granizo.

Las plantas apropiadas para la estación más fría son algunos arbustos, como *Camellia japonica* (camelia), plantas de temporada como *Primula sp.* (primavera) o *Viola tricolor* (pensamiento), unas cuantas bulbosas como *Hyacinthus sp.* (jacinto) y *Anemone sp.* (anémone), son las que, por lo general, se suelen plantar en esta época.

Se pueden incluir algunos pequeños arbustos de hoja que pueden alegrar el lugar con tonalidades verdes, rojas y amarillas.

Plantas como el *Buxus sempervirens* (boj), el *Ligustrum sp.* (aligustre) o el *Chamaecyparis sp.* (falso ciprés), darán unos toques de verde que pueden armonizar y crear interesantes contrastes con las flores de las bulbosas o de las plantas de temporada.

Si las macetas se van a colocar en el mismo plano horizontal, conviene poner en primera fila a las que tienen flores y, detrás, formando una línea más alta, los arbustos.

Las jardineras que se colocan en la barandilla conviene llenarlas con plantas de temporada que tengan poca altura ya que, de este modo, no se corre el riesgo de que sean tronchadas por el viento.

▲ *Aunque sea la primavera la estación en la que florecen la mayoría de las especies, en invierno también se puede obtener un jardín lleno de flores.*

Las plagas en terrazas y balcones

Es necesario mantener un estricto control sobre las plagas más comunes que afectan a las plantas dispuestas en terrazas y balcones.

A los pulgones, mosca blanca, lecaninos y araña roja, es necesario sumar, sobre todo en verano, la presencia de avispas, moscas y mosquitos que alteran con su presencia las agradables reuniones y comidas en la terraza

▲ *Cuando se ha intentado combatir plagas como las arañas y pulgones sin obtener los resultados esperados, es necesario aplicar un remedio más drástico que consiste en la poda de las partes más afectadas de la planta.*

o, en el caso de los mosquitos, el sueño durante las noches estivales.

Los pulgones y la mosca blanca se pueden controlar pulverizando los ejemplares con insecticidas y, si esta medida no da resultado, podando vigorosamente las partes afectadas para evitar que la infección se extienda a otros ejemplares.

Los lecaninos requieren un sistema más preciso: es necesario limpiar con un alfiler o un bastoncillo de algodón las pequeñas costras, una a una, que estos organismos forman en los tallos. Ello se abrevia podando las ramas más afectadas.

A la araña roja se la combate pulverizando con agua las partes visibles de la planta y aumentando el riego. El resto de los insectos,

podrán ser combatidos con los productos especializados que se comercializan en el mercado.

Retirada de macetas y jardineras

Los ejemplares de plantas de temporada que se habían plantado en las jardineras a fin de que florecieran en verano, presentan en otoño un aspecto más bien lamentable, ya que se han marchitado.

Por otra parte, la tierra misma de estas macetas, después de haber nutrido una floración, se encuentra absolutamente agotada.

Ante esta situación, se pueden escoger dos caminos diferentes: mantener las especies perennes como pequeños arbustos o trepadoras, quitando de las macetas las plantas de estación que están marchitas y sustituyéndolas por otras de floración otoñal; o retirar las jardineras de la terraza o del balcón, dejando éstos libres de plantas hasta finales de invierno, cuando haya que comenzar las labores del inicio de la siguiente temporada.

Si las condiciones climáticas del exterior son muy extremas, o si se trata de una casa de veraneo que no

▶ *Crocus sp. (crocus) son bulbos que se cultivan en verano para florecer en otoño.*

▲ *Se logra un mejor efecto estético si se colocan en primer plano las plantas que tienen flores y detrás, en una segunda línea, los arbustos y ejemplares más altos.*

se va a ocupar durante el invierno, la opción a elegir es clara: quitar las jardineras.

En este caso conviene desechar la tierra que contienen y, antes de ponerlas en el lugar donde se las va a guardar, lavarlas bien con agua y jabón, restregando su interior con un cepillo de raíces para quitarles la tierra que pudiera haber quedado adherida.

Ante la duda de que contuvieran algunos gérmenes patógenos, se les puede dejar un rato en lejía y, una vez secas, pasarles por su interior un paño empapado en alcohol o rociarlas con algún insecticida.

Todos los elementos que hayan sido utilizados, como elementos de sujeción, portamacetas, tutores, enganches, cuerdas, etc. conviene guardarlos ordenadamente, agrupándolos según su función.

Seguramente, habrá ejemplares perennes que hayan quedado muy deslucidos pero que estén aún vivos aunque con los tallos desnudos; éstos deberán ser colocados en el interior o en lugares muy protegidos, donde no les dé el viento para que puedan resistir, sin mayores problemas, los rigores del invierno.

Si se los deja al exterior, conviene poner sobre la tierra una capa de cortezas o algún otro material aislante para que las heladas no dañen irreversiblemente sus raíces.

Si se dispone de un invernadero o de una terraza acristalada, éstos serán, sin duda, los mejores lugares donde podrán pasar el invierno. Es importante procurar ponerlos en los lugares en los que haya mayor cantidad de luz ya que con esta medida, es posible, incluso, que lleguen a florecer.

▲ *Para proteger las raíces del frío, se recomienda poner alrededor del pie del árbol una capa de cortezas o de otro material aislante.*

El entorno del jardín

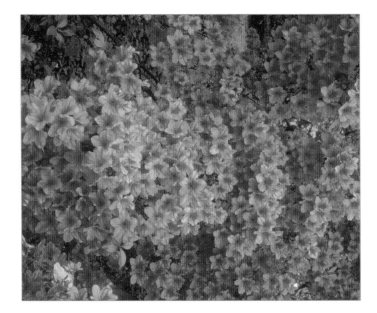

▲ En cada estación el jardín presenta unas exigencias distintas y cuanto más se atienda a ellas desde un principio, menos trabajo habrá que realizar en los años siguientes.

ADEMÁS DEL CUIDADO de las plantas, del riego, abonado y poda, un jardín necesita de otras tareas de mantenimiento: reparación de vallas y puertas, ajuste y afilado de herramientas, revisión de sistemas de riego, pintura de los elementos decorativos, reconstrucción adecuada de senderos, pintura de bancos y elementos decorativos, etc. Según la época serán imprescindibles unas tareas y no otras.

Las herramientas y su mantenimiento

Por lo general, las herramientas que se usan para el cuidado del jardín son resistentes: las palas, rastrillos, azadas, etc. no suelen romperse fácilmente y duran muchos años.

Otras herramientas son más delicadas y con el uso constante pierden su filo o su precisión; tal es el caso de las tijeras de podar, cuchillos, cortadoras de césped, etc.

Algunos elementos no pueden ser utilizados, como el caso de las cuerdas, algunos alambres y tutores.

Las herramientas para trabajar la tierra, la pala, el azadón y el rastrillo, están formadas por una parte de hierro sujeta a un mango de madera. Es evidente

▲ Antes de que llegue el invierno se pueden realizar las tareas de mejoramiento del cobertizo como pueden ser el barnizado, la colocación de nuevas baldas o el ordenamiento de las herramientas.

que si se las deja a la intemperie, expuestas a la lluvia, el hierro corre el peligro de oxidarse.

Para mantenerlas en perfecto estado conviene limpiarlas después de haberlas usado y, una vez secas, pasarles un trapo empapado en aceite para protegerlas de la humedad.

Esta medida es imprescindible en las zonas de clima más húmedo, como suelen ser las regiones que están junto al mar.

Si se hace necesario cambiar el mango, habrá que poner uno nuevo y, a continuación, sumergir la herramienta en agua para que el mango se hinche y quede bien sujeto.

Una vez hecho esto, se limpiará la parte metálica como de costumbre y se engrasará con aceite. Estas herramientas no deben ser golpeadas para que conserven su forma adecuada.

Las herramientas cortantes deben estar perfectamente afiladas, a fin de no dañar los ejemplares que se vayan a podar.

Una buena precaución es no cortar cosas excesivamente duras con ellas o demasiado gruesas para no mellarlas.

Una vez que se hayan utilizado, también conviene limpiarlas y pasarles un trapo empapado en aceite para resguardarlas del óxido.

Además, conviene echar una gotita en los puntos de articulación para que, a la

▲ *Las zonas de clima húmedo y cálido son las que permiten tener un gran diversidad de ejemplares, sin que ello suponga un excesivo trabajo de mantenimiento.*

hora de utilizarlas, no sea necesario hacer grandes esfuerzos y se deslicen las piezas con la mejor lubricación posible. Es conveniente guardar un repuesto de las partes que se estropean más habitualmente.

Entre los elementos que no pueden faltar se pueden mencionar cuerda, alambre, clavos, tornillos y recipientes para plantar los nuevos ejemplares.

Los tutores y guías para trepadoras, se pueden confeccionar fácilmente. Si se cuenta con los elementos adecuados, las ideas y soluciones surgirán por sí mismas facilitando la tarea.

El cobertizo

Si no se mantiene el orden en el interior del cobertizo, es probable que las cosas se pierdan, se deterioren o se rompan.

▶ *Ciprés.*

151

▲ *Los parterres en los cuales las especies dispuestas siguen formas definidas son espectaculares, pero requieren una dedicación constante.*

Para ordenar debidamente las herramientas, es conveniente poner todas las baldas que hagan falta.

Los utensilios que tienen poco uso, se pueden poner en los lugares más altos o bien en los de acceso más difícil, dejando a mano, por el contrario, las herramientas de uso constante.

Si son pequeñas, se pueden agrupar en una tabla vertical que podría estar fijada a la puerta; de este modo estarán siempre ordenadas y no ocuparán demasiado espacio.

Se pueden sujetar con escarpias que estarán colocadas según la silueta de cada herramienta. También puede ser de utilidad dibu-

jar su contorno para facilitar su colocación y respetar el lugar que se ha asignado a cada una.

Reparaciones en el jardín

Las zonas ajardinadas suelen estar delimitadas por mallas metálicas, alambradas, cercos de caña, etc. que con el tiempo se deterioran.

El invierno es la mejor estación para reparar cercas y vallas por dos razones: por un lado, hay menos trabajo que hacer en el jardín y, por otro, como muchas plantas pierden las hojas es más fácil ver las zonas que han sufrido desperfectos.

Es recomendable empezar revisando las cercas y todos sus puntos de sujeción, sustituyendo los tramos que estuvieran defectuosos.

Las mallas que son decorativas (cañizo, brezo, láminas de plástico y nailon) son las más vulnerables a la acción

▲ *Además del jardín, también hay que revisar los estanques y las fuentes para la perpetuación de las especies vegetales.*

PREPARACIÓN Y USO DEL CEMENTO

Para hacer cemento y que éste tenga poder adhesivo y cohesión, sólo hay que respetar las proporciones y seguir los pasos que se aconsejan.

INGREDIENTES
dos partes de arena
una parte de cemento
la cantidad necesaria de agua

• En primer lugar se ponen en un recipiente plástico la arena y el cemento y se mezcla bien, en seco.

• Con estos ingredientes un montón y hacer un hoyo en el centro, de modo que se asemeje a un volcán con su cráter. Rellenar el interior del hoyo con agua.

• Desde los bordes del montón, se echa la mezcla de arena y cemento a fin de tapar el hoyo, procurando que el agua no se derrame, hasta que la mezcla quede completamente humedecida.

• Si fuera necesario, se puede echar más agua.

• La consistencia final de la mezcla debe ser homogénea y ligada.

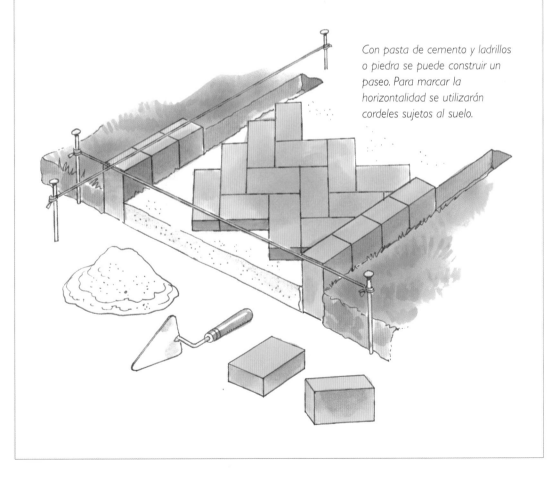

Con pasta de cemento y ladrillos o piedra se puede construir un paseo. Para marcar la horizontalidad se utilizarán cordeles sujetos al suelo.

del viento, por eso es conveniente comprobar a conciencia su estado para reparar las zonas dañadas.

Los trozos de malla dañada o que hayan perdido firmeza se pueden recortar y parchear cosiendo con alambre el nuevo trozo.

Otros elementos que necesitan un cuidado anual son los parterres y lugares de paso, habitualmente construidos con ladrillos, grava, pizarra, piedra o madera.

Normalmente se los sujeta al suelo con cemento y éste, con las lluvias y el desgaste terminan por deteriorarse.

Si aparecen grietas, desplazamientos y ahuecamientos en las paredes de los parterres o en el pavimento de los caminos, es señal de que necesitan reparación. Como la pasta de cemento necesaria para hacer estas reparaciones hay que usarla en cuanto se ha

▲ *El abuso de abonos químicos puede ser muy perjudicial para las mascotas domésticas.*

preparado y no se puede guardar para el día siguiente porque fragua, conviene tomar nota de todo lo que hay que reparar antes de ponerse manos a la obra.

Para arreglar las zonas dañadas se procederá a levantar con una piqueta el trozo estropeado reemplazándolo con cemento, ayudándose con una paleta de albañil y una maza. Es muy importante mantener la horizontalidad.

Para que el nuevo tramo tenga la misma dirección y altura que el anterior, lo mejor es utilizar un nivel y un tablón de madera. También pueden emplearse cuerdas o cordeles para marcar alturas.

Revisión e instalación de los sistemas de riego

Si se dispone de un sistema de riego instalado, cabe destacar

◄ *Las enredaderas deben ser fijadas para no ser arrastradas por el viento.*

◀ *El viento, las lluvias y la nieve pueden deteriorar los parterres produciendo grietas en el cemento.*

Es importante hacerlo en este momento para que, cuando llegue el verano con sus calores, las plantas tengan la suficiente humedad para florecer y crecer adecuadamente.

Los puntos más sensibles de un sistema de riego son las uniones con las tomas de agua, grifos y cañerías metálicas, y las uniones con los aspersores o goteros.

Si los desperfectos en una manguera se hallan en su comienzo o en su final, la solución es simple: consiste en quitar la abrazadera, cortar el tramo dañado y volver a colocar la manguera en el extremo, con su correspondiente abrazadera.

Si el desperfecto se ha producido en la parte media de la manguera, se puede reparar colocando un trozo de cañería en su interior, desechando la parte dañada, y sujetando los nuevos extremos al tubo con las correspondientes abrazaderas.

que conviene hacerle una revisión completa en primavera, porque es probable que con el hielo del invierno tenga juntas o zonas dañadas.

▶ *Para conservar el jardín en buen estado, es necesario revisar periódicamente los sistemas de riego.*

▲ *Si se cuenta con un invernadero, a medida que la estación invernal avance, será necesario poner en él los ejemplares más delicados.*

Si se desea incorporar por primera vez un sistema de riego, es necesario tener en cuenta cuatro puntos:

• La extensión del terreno cultivado.
• El tipo de plantas que lo van a ocupar.
• La cantidad de bocas de riego.
• Distancia entre las bocas de riego a las zonas más alejadas del jardín.

Si la extensión fuera grande y se contara con una pradera extensa, el mejor sistema que se puede colocar es el de riego automático por aspersores.

Los jardines que tienen muchos parterres, setos y arriates, es mejor regarla por un sistema de riego por goteo; sobre todo si la región no es muy rica en lluvias.

En los pequeños jardines, la opción más práctica es el riego con manguera.

Lo que hay que tener en cuenta es su longitud; comprobar que se llegue a todos los rincones.

▲ *Cuando el jardín está situado en una región más bien seca y cuenta con muchos ejemplares, conviene utilizar un sistema de riego por goteo, para la preservación de las especies.*

▲ *Antes de que llegue el invierno conviene hacer labores de mantenimiento extra, como asegurar la sujeción de vallas o poner a cubierto los elementos que puedan oxidarse con las lluvias.*

▶ *Durante el mes de invierno, también es necesario revisar la salud de las plantas acuáticas.*

Reparaciones en el invernadero

Durante el verano, el invernadero se encuentra prácticamente vacío ya que las plantas que se albergaron en él durante el invierno ya pueden estar al aire libre. Tampoco hay en él plantones ni semilleros.

Por ello, es el momento más indicado para hacer las reparaciones que fueran necesarias así como para realizar una limpieza a fondo.

Normalmente, entre las tareas de reparación, la más habitual es la sustitución de cristales rotos.

También puede ser necesario poner nuevos estantes o dar una mano de pintura a puertas y ventanas.

Pero lo importante es realizar en su interior una buena limpieza para tener la seguridad de que en él no se albergan hongos o parásitos que puedan, más adelante, afectar a las plantas que se coloquen en él. Se puede lavar con agua y jabón, utilizar lejía para desinfectar, dejándolo abierto para que se seque.

Luego, esparcir en él algún insecticida y mantenerlo cerrado durante 24 horas.

Al cabo de este tiempo el invernadero estará limpio y desinfectado; preparado para que en otoño se planten en él especies que florecen en invierno, como la *Viola tricolor* (pensamiento) y para guardar más tarde las plantas delicadas que puedan ser dañadas por las bajas temperaturas y las heladas.

Protección contra el frío y el viento

En otoño es necesario realizar algunas tareas encaminadas a proteger las plantas del jardín de las inclemencias invernales.

▲ *Los jardines de escasas dimensiones se pueden regar con una manguera, siempre y cuando su longitud permita que el agua llegue a todos los rincones.*

▲ Con las lluvias, los vientos y las heladas, los materiales del jardín sufren deterioros que pueden ser importantes. Uno de los elementos más castigados por el rigor invernal son las cañerías. Para protegerlas, se pueden cubrir los grifos con materiales aislantes como trozos de moqueta, cajones de madera, etc.

Uno de los elementos más sensibles son los sistemas de riego; si el agua se hiela éstos pueden sufrir roturas, por ello es conveniente tapar las cañerías, grifos y llaves que estén en el exterior.

Se pueden cubrir con materiales aislantes, como un trozo de moqueta y también ocultarlas con material de construcción.

Es conveniente introducir algún material aislante en las tapas de madera o chapa reforzada para cubrir las arquetas ocupadas por grifos; de este modo cumplen mejor su función protectora. Para evitar su deterioro, conviene guardar el cañizo, el brezo y los toldos expuestos al viento y a la lluvia tan pronto como el sol deje de molestar.

Después de comprobar que están secos, se los deberá enrollar y guardar en fundas plásticas.

Poniendo a cubierto los elementos del jardín que más se deterioran con la lluvia, la nieve y las heladas, se conseguirá un importante ahorro y se mantendrá el lugar limpio y bien acondicionado.

▲ El jardín es un paraíso que puede dar cobijo a un gran número de especies animales.

Índice onomástico